論點思考

找到問題的源頭，
才能解決正確的問題

The BCG Way

The Art of Focusing on the Central Issue

內田和成
（Kazunari UCHIDA）

蕭秋梅——譯
徐瑞廷——編審

經營管理 82

論點思考：
找到問題的源頭，才能解決正確的問題

作　　者　內田和成（Kazunari Uchida）
譯　　者　蕭秋梅
邊　　審　徐瑞廷
責任編輯　文及元、林博華
行銷業務　劉順眾、顏宏紋、李君宜

總 編 輯　林博華
發 行 人　涂玉雲
出　　版　經濟新潮社
104台北市中山區民生東路二段141號5樓
電話：（02）2500-7696　傳真：（02）2500-1955
經濟新潮社部落格：http://ecocite.pixnet.net
發　　行　英屬蓋曼群島商家庭傳媒股份有限公司城邦分公司
104台北市中山區民生東路二段141號11樓
客服服務專線：02-25007718；25007719
24小時傳真專線：02-25001990；25001991
服務時間：週一至週五上午09:30~12:00；下午13:30~17:00
劃撥帳號：19863813　戶名：書虫股份有限公司
讀者服務信箱：service@readingclub.com.tw
香港發行所　城邦（香港）出版集團有限公司
香港灣仔駱克道193號東超商業中心1樓
電話：852-25086231　傳真：852-25789337
E-mail: hkcite@biznetvigator.com
馬新發行所　城邦（馬新）出版集團Cite(M) Sdn. Bhd. (458372 U)
11, Jalan 30D/146, Desa Tasik, Sungai Besi,
57000 Kuala Lumpur, Malaysia
電話：603-90563833　傳真：603-90562833
印　　刷　一展彩色製版有限公司
初版一刷　2011年9月6日
二版一刷　2014年4月3日
二版七刷　2018年6月28日

城邦讀書花園
www.cite.com.tw

ISBN：978-986-6031-49-6

售價：360元
Printed in Taiwan

〈出版緣起〉

我們在商業性、全球化的世界中生活

經濟新潮社編輯部

跨入二十一世紀，放眼這個世界，不能不感到這是「全球化」及「商業力量無遠弗屆」的時代。隨著資訊科技的進步、網路的普及，我們可以輕鬆地和認識或不認識的朋友交流；同時，企業巨人在我們日常生活中所扮演的角色，也是日益重要，甚至不可或缺。

在這樣的背景下，我們可以說，無論是企業或個人，都面臨了巨大的挑戰與無限的機會。

本著「以人為本位，在商業性、全球化的世界中生活」為宗旨，我們成立了「經濟新潮社」，以探索未來的經營管理、經濟趨勢、投資理財為目標，使讀者能更快掌握時代的脈動，抓住最新的趨勢，並在全球化的世界裏，過更人性的生活。

之所以選擇「**經營管理—經濟趨勢—投資理財**」為主要目標，其實包含了我們的關注：「經營管理」是企業體（或非營利組織）的成長與永續之道；「投資理財」是個人的安身之道；而「經濟趨勢」則是會影響這二者的變數。綜合來看，可以涵蓋我們所關注的「個人生活」和「組織生活」這兩個面向。

這也可以說明我們命名為「經濟新潮」的緣由——因為經濟狀況變化萬千，最終還是群眾心理的反映，離不開「人」的因素；這也是我們「以人為本位」的初衷。

手機廣告裏有一句名言：「科技始終來自人性。」我們倒期待「商業始終來自人性」，並努力在往後的編輯與出版的過程中實踐。

前言
先找對問題，再解決問題

我想很多人都有這樣的經驗——明明照著主管的指示，提出問題的解答並執行完成，但是卻不知怎地，主管並不滿意。

這當然也可能是因為主管本來就是個難搞又挑剔的人，不過，其實很多時候是因為解決「錯誤的問題」，所以導致無法讓主管滿意。

雖然解決問題是工作上重要的一環，然而，前提是僅限於破解「正確的問題」。

職場和學校不同，沒有人會教導我們「請解答這個問題」。也許剛開始時，主管確實會指示我們「解決這個課題」，但是慢慢地，自己必須思考「課題是什麼？」甚至必須自行思索解決方法。如果沒有培養起這種能力，就當不了領導者或經營者。

如果因為某些因緣巧合，使得欠缺這種能力的人物當上領導者或經營者時，其所率領的組織或團體就會不知道應投入的課題，而陷入沒有方向、如無頭蒼蠅般混亂的狀態。

要怎麼做才能找到正確的問題或應解答的問題呢？波士頓顧問公司（The Boston Consulting Group，以下簡稱ＢＣＧ）稱此應解答的問題（課題、議題）為「論點」（issue）。公司內部幾乎天天都有這樣的討論：「這個專案計畫的論點是什麼？」「這裡應回答的論點是這個和那個。」

所謂「論點」，指的是「應該提出解答的問題」，而定義此應解答問題的過程（process），即稱為論點思考。至於問題解決的過程則是如下進行：

先從幾個可能的論點當中，設定真正的論點，再針對該論點，想出幾個解決方案，然後，再從當中選擇最佳解決方案，付諸實行。

換句話說，論點思考位於問題解決流程的最上游。

如果一開始論點設定錯誤，處理的問題就會是錯誤的問題，因此，即使其後的問題解決作業做得再正確，也不會出現有意義的結果。從而變成只好再回到論點設定的步驟，重新來過。如果想在短時間內提出解答，則一開始的論點設定將會變得十分重要。

企業都各有數不盡的問題。即使想把所有問題一一解決，不但沒有時間，且人手也不足。工作都有期限，而能自由運用的工時也有限。因此，必須從中篩選出應解決的問題選項，再從中正確選擇、進行解決，彰顯成效。我想各位讀者應該都已了解，若要彰顯成效，選擇問題極為重要。

透過正確進行論點設定，將可限定應思考的方向，從而可捨棄其他許多不需要思考的部分，這是論點思考的好處。

一位優秀的管理顧問（consultant）會把自己的經驗和直覺、顧客（或自己的主管）的問題意識，以及對於現象的解釋等所有要素相互對照後，再設定論點。如果是合夥人（**Partner**）層級的管理顧問，雖然會把其他調查、分析作業全權交給屬下處理，但是，唯有論點設定，一定還是會親自貫徹執行。

本書試著把一直以來存放在管理顧問腦中的內隱知識、一般認為只有專家才擁有的超高技藝，設法以進行因數分解的方式，轉化為讀者所能理解的形式詳加說明。

筆者在前著《假說思考》（中譯本經濟新潮社出版）中，主要闡述如何用最高的效率、最有效的方式解決問題，並有幸獲得讀者許多迴響，包括「還好有這本書，讓我處理工作的速度變快了！」「讀了以後，才恍然大悟！」等。

這次，這本書則是要提出這個問題：「如果手邊正在解決的問題本身就是錯誤的問題，那該怎麼辦才好？」想要在工作領域獲得成果時，解決問題是一項非常重要的因素。而此時，手邊正在解決「正確的問題」，則是不成文的前提。

然而，試想，**你目前正在解決的問題、接下來要解決的問題，真的是正確的嗎？會不會有其他應解決的問題？**試著利用這個機會，思索這個問題，也是本書的目的之一。

本書如能對眾多希望釐清真正問題本質的職場工作者有所助益，將是筆者最大的榮幸。

二〇一〇年一月
內田和成

目錄

前言　先找對問題，再解決問題　5
推薦序　論點，就是找到問題真正的源頭／楊千　15
推薦序　找對問題，是成功的一半／何飛鵬　20
推薦序　論點思考，讓你掌握問題的本質／許士軍　23
導讀　論點設定是解決問題的第一步／徐瑞廷　24
第一章　你解答的問題正確嗎？　29
1 解決問題，一切從設定問題開始　30
怎麼做才能把蛋糕分成二人都可以接受的二等分？／最嚴重的錯誤，就是針對錯誤的問題作答／「要打什麼樣的廣告？」是應該作答的問題嗎？／開發新產品是否有助於公司成長？／問題的關鍵在於「既有客戶」／變更論點促成合作成功

2 論點在解決問題過程中扮演的角色 47

以論點思考重建紐約的朱利安尼／嚴格取締違規穿越馬路行人，竟然減少重大刑案發生率／首先，對於被指派的問題存疑／論點思考，是解決問題的最上游步驟

第二章

篩選可能的論點——策略思考的出發點 55

1 論點思考的「論點」，究竟是什麼意思？ 56

針對課題排定優先順序，並限縮範圍／論點思考的四個步驟

2 論點不等於現象 62

【案例】公司遭小偷／【案例】陷入經營不善的餐廳／【案例】少子化問題／避免設定論點之前直接解決問題／一般問題不足以當成論點／那真的是

論點嗎？

3 論點會變動 83
論點因人而異／論點隨著環境而變化／論點會不斷進化／透過作業或討論，將可找到其他論點

第三章 以大膽推測、看清脈絡好壞，來鎖定論點 93

1 大膽推測 94
如何知道好釣場？——建立假說／從似乎能夠明確區分黑白之處切入／探索業主較不關心的領域／連鎖式切入法——問五次「為什麼？」／繼續往下深掘？還是另起爐灶？

2 看清「脈絡好壞」 105
堅持問題一定要有辦法解決／捨棄解決機率低的論點／判別脈絡好壞的感覺／選項多寡也是重要因素／只要實行就有成效的論點，就是「脈絡好」的論點／想要一網打盡，最後卻一事無成／經驗有助於提高命中率

第四章 確認全貌、掌握論點 125

1 進行探查 126

拋出問題，觀察對方的反應／建立「論點假說」的三種切入法／反覆提問，才能找對問題／出其不意的提問，有助於找對問題／到現場實地探查／除了訪談，也要親赴現場實際感受

2 摸清委託者的本意 141

思考發言的動機、意圖、背景／憑直覺，聽懂對方的「弦外之音」／易地而處，站在對方的觀點思考／讓對方感到既興奮又期待的提案

3 參照抽屜，善用腦子裡的隱形資料庫 150

抽屜，改變聆聽的角度／【案例】增加奧運金牌的方法

4 將論點結構化 162

整理篩選的論點／思考位於上層概念的論點／結構化也需要推測／有時也會考量效果，從中小論點開始著手實行／製作蟲蛀樹／切記！論點具有層次的差異／掌握全貌、從眼前工作著手／找到論點後建立結構

第五章　透過個案掌握論點思考的流程　185
【案例】接到上司指示，希望你能解決成本的問題／首先，從掌握現象開始／大膽推測／透過訪談，輸入相關情報與資訊／對照抽屜——借鏡類似案例／透過結構化確認論點／不能永遠一輩子當個作業員／論點導出的解決方案

第六章　提高論點思考能力的方法　207
1 隨時抱著問題意識做事　208
不斷思考「真正的問題究竟是什麼？」的心態／問題意識培養論點思考的能力
2 改變觀點　213
提升論點思考的三要素——視野、立足點、觀點／視野——把目光轉向平常忽略的方向／立足點——抱持「比現職高二級職位」的心情工作／觀點——嘗試改變切入點

3 思考多個論點 233
提不出問題，是很危險的事情／思考替代案時，上下左右的論點很重要／釐清自己主張的論點／想像反對者的意見

4 增加抽屜 244
問題意識有助於充實抽屜內容／不蒐集、不整理、不記憶／遭人反駁時，記得閉嘴聆聽

5 論點思考的效用 250
如何指派成員完成工作？／視成員的力量，區隔使用論點的層次／為了培育人才，給予論點勝於假說／偶爾容許失敗

6 論點與假說的關係 261
論點思考與假說思考密不可分／解決問題的過程，其實需要再三來回

作者後記 265
圖表索引 268

推薦序

論點，就是找到問題真正的源頭

楊千

讀完《論點思考》這本書之後，讓我想到一個親身經歷。

很久以前，有一位年輕學生問我：「人為了什麼而活？人生的意義究竟是什麼？」當時的我，傻傻地將他的提問當成真正的問題（本書稱為論點），按照問題的字面意思，用蘇格拉底（Socrates）、柏拉圖（Pareto）、亞里斯多德（Aristotélēs），甚至蔣中正等名人的說法，試著想為那位年輕學生解答。

後來，累積許多經驗之後，我發現聽到別人提問時，不能只聽字面上的敘述，就把它當成真正的問題。因為，發問者提問時可能隱藏真正的動機，因此，提出的問題稱不上真正的問題（論點）。按照別人提問的字面意思就急忙回答，其實是錯誤的舉動。

我發現，以年輕學生問我「人為了什麼而活？人生的意義究竟是什麼？」為例，如果想要找到論點，最好能夠進一步詢問對方：「最近上課情況怎麼樣呢？」「這學期報告是不是很多？你好像還要打工，忙得過來嗎？」「畢業之後有什麼計畫呢？」……等，乍看之下與對方提問無關，卻有助於找到真正問題的提問。

深入了解之後，往往會發現原本看似問題的提問——「人為了什麼而活？人生的意義究竟是什麼？」其實是個假議題，並非真正的問題（論點）。事實上，年輕學生說不出口的真正問題，通常是在課業或感情上遇到瓶頸，或是對自己的前途感到焦慮，需要找人進一步商量。

透過出其不意的深入詢問，找到年輕學生的提問動機、目的與背景，順藤摸瓜找到問題源頭，進而關心他、引導他，並且針對真正的問題對症下藥，原本愁眉苦臉的年輕學生就能突破人生瓶頸，重新展現燦爛的笑容。

此外，我也想到美國前總統柯林頓（**Bill Clinton**）一九九二年競選總統時，向對手老布希（**George H. W. Bush**）陣營喊話：「笨蛋！問題在經濟！」（**It's still the economy, stupid!**），最後勝選入主白宮。可見得能夠掌握真正的問題，就是成功的一半——方向比努力重要，問題的方向對了，就只剩下努力解決問題的工作了。

論點思考的意義，就在於必須進一步（或進好幾步）深入挖掘、找到論點，不僅能幫助我們找到真正的問題，也能應用在培養人才方面。比方說，書中提到挑選或培養幹部，最好的方法就是給對方機會，讓他們自行思考「究竟什麼才是真正的問題？」並且在工作中考驗其解決問題的能力。

在鴻海集團郭台銘董事長的語錄中，對於幹部必備能力的要求之一是「預見問題、提出問題、解決問題」；其中，很重要的關鍵就是「提出正確的問題」，在本書中稱之為「論點」。以論點為核心，在它的前面加上「預見重要的問題」，在時間上，就會給自己充分準備的時間；在實務上，找到論點就已成功一半，進而有效地針對問題根源解決問題，才可說是克盡全功。

當然，每一個企業遇到問題所處的時空背景不同，優先或核心問題也隨之而異。有些問題非常嚴肅，甚至涉及價值觀與哲學觀。幸好，本書談論的內容只限於一般日常生活或職場中，工作者、主管或企業家在經營企業中碰到問題時，如何透過一套有系統且能按部就班的方法，進而確認究竟什麼是真正的問題。因此，對於想要「找對問題進而解決問題」的讀者來說，這是一本內容淺顯易懂的書。

此外，近來我觀察到成功經營者不約而同有一個共同特質——了解「現場」，與本書中一再強調「注重現場」的主張不謀而合，唯有保持與「現場」的連結，才能找到真正的問題、正確的論點。

所謂「現場」，就是企業運作中各種活動實際發生的場所。它可以是很具體的人與人互動的場所（如餐廳），也可以是人與機器互動的介面（如網路銀行），更細一點也包括了機器與機器之間的互動（如不同機台的合作，或像網路中不同路由器之間交換資訊與合作）。對現場愈了解愈能接近事實，也就愈能針對問題源頭提出解法、進行管理。

本書《論點思考》作者內田和成，曾任波士頓顧問公司（BCG）資深副總裁兼董事，本書是他在BCG工作二十五年集大成的智慧結晶，將管理顧問如何發現真正問題（論點）的思考過程分享讀者。書中有許多實際案例，大到一個國家的少子化問題，小如前往餐廳點菜，讀起來相當平易近人。

整體而言，對於如何找到真正問題的論點思考，我個人的體會是要經常帶有「問題意識」，也就是對於問題的本質產生好奇，勤於尋找產生問題的真正原因，才能對症下藥、徹底解決問題。

不論是日常生活或工作職場，每一個人論點思考的能力愈強愈好，而作者提到「增加抽屜」（抽屜比喻放在腦中的案例資料庫）就是一種手段。所謂增加抽屜，就是多接觸各行各業的個案，讓資料庫更為豐富完整，也能活用於確認各種論點的思考過程中。本書中有很多情境、對話與案例，可以直接做為讓抽屜更豐富的素材，相信對於讀者很有參考價值。

（本文作者為國立交通大學經營管理研究所教授，曾借調至鴻海科技集團擔任董事長室永營專案顧問）

推薦序

找對問題，是成功的一半

何飛鵬

「最危險的事情，並非提出錯誤的答案，而是提出錯誤的問題。」（The most serious mistakes are not being made as a result of wrong answers. The truly dangerous thing is asking the wrong questions.）

——彼得・杜拉克（Peter F. Drucker）

組織裡，往往存在著大大小小的問題；但是，受限於時間、人力與資源，不可能一一解決。然而，如何在條件限制之下，從龐雜的問題中抽絲剝繭、找到「真正的問題」，並且著手破解進而交出成果，是一件很重要的事情。

《論點思考》將「能夠破解的真正問題」稱為「論點」（issue），尋找「什麼是應該破解的真正問題？」的過程，就是論點思考。

作者內田和成認為，職場工作者想要培養論點思考的能力，必須隨時抱著「問題意識」，也就是時常思考「主管（或客戶）希望我解決的問題，是真正的問題嗎？」「真正的問題究竟是什麼？」「以現有的時間、人力與資源，這個問題能夠解決嗎？」「解決這個問題之後，對於組織（或委託解決問題者）有什麼好處呢？」……等問題。

透過設定論點（也就是找到能夠破解的真正問題），不僅能聚焦於應該思考的問題，也能加快解決問題的速度，更能加強解決問題之後的效果。

內田教授在書中提醒我們，當別人把問題拋給我們解決時，應該對於問題抱持適度懷疑，避免尚未確定「什麼是真正的問題」之前就急於解決，最後發現解決的是「錯誤的問題」，曠日費時尋找解答，最後卻徒勞無功。並在確認「真正的問題究竟是什麼？」的過程中，想清楚「這是誰的問題？」「這是針對誰而解決的問題？」此外，也要避免將表象當成論點卻忽略表象背後的問題本質。

《論點思考》一書，公開波士頓顧問公司（BCG）的內隱知識（tacit knowledge），將管理顧問為企業把脈，從龐雜的問題裡逐一爬梳、對症下藥的論點思考過程公諸於世。相信閱讀本書，各位讀者能夠向世界一流的管理顧問學習「如何找對問題？」的智慧，掌握正確設定論點的訣竅，解決問題的能力也會隨之提升。

不論是基層工作者、經理人還是創業者，想要解決問題、交出成果，最重要的是設定論點——找對問題，才是解決問題的關鍵！

（本文作者為城邦媒體控股集團首席執行長、暢銷書《自慢》作者）

推薦序

論點思考，讓你掌握問題的本質

許士軍

解決問題，有賴捉住問題的「要害」。

究竟什麼是問題的要害？往往不在於問題的表象，而是要有能力將這個問題放在一個架構或系統裡面——這也就是人們常說的mindset（心態）或mental model（心智模式），也就是本書中提到的「問題意識」；否則，我們所看到的問題是孤立的，也沒有意義可言。

本書詳述如何將一個問題，放在一個具有價值和意義的架構中，找到問題本質，並且設定成為論點的思考過程。

（本文作者為元智大學講座教授暨校聘教授）

導讀

論點設定是解決問題的第一步

徐瑞廷

相信對本書有興趣的你，每天為了解決大大小小的問題而苦惱。經營者思考策略方向或資源分配，業務人員忙著達成銷售目標，行銷人員煩惱如何精準地投放並執行有限的行銷預算，產品經理制定正確的產品規格，工程師則為在預算與時間的限制內交付出產品。

然而，你是否也常遇到下列情況？花了許多力氣解決問題，最後卻徒勞無功？比方說，公司業績不振，以為是現有銷售團隊不力，所以換了一批人，給了高額的報酬，業績依舊毫無起色。

或是，認定是現有產品市場價格競爭太激烈導致利潤下滑，花了一年時間開發新產品之後反而賣不出去，虧了更多錢。

原因無他，很可能就是因為你解決「錯誤的問題」。

近年來，坊間充斥著許多問題解決的書，多半著重於利用機械式分解法——把一個所謂大問題，拆成好幾個小問題，然後一個個解決。比方說，如果公司業績不好，因為銷售額等於單價乘以數量，所以分別對為何產品銷售數量不佳，或只是價格設定是否出了問題進行檢討。這種機械式找問題的方法，好處是容易上手，然而，很少能夠真正在實戰上發揮效果——因為許多複雜的問題，並非靠著簡單的分解就能找到答案。

舉例來說，手機大廠諾基亞（Nokia）正在為如何能夠突破在智慧型手機（Smartphone）市場所面臨困境而苦惱，如果用機械式分解法來看問題，很有可能會朝著變成如何打敗iPhone與Android手機來思考，或是如何在先進國家與發展中國家取得領先；再者，也可能把問題分解成如何在運營商和零售通路取得優勢來看。不論怎麼分解，你都會發現這些問題還是一樣難以回答，或是就算能勉強回答，也不容易反映在下一步行動上。

波士頓顧問公司（The Boston Consulting Group，以下簡稱BCG）的顧問每天都在幫助許多組織解決複雜的問題，包括擬定策略、組織設計與再造、發掘新的商業機會、設計進入市場方式、提升組織能力……等。對於如何針對棘手的問題提出解決方案，我們當然有一套方法論（詳情請參閱本書作者內田和成的另一本著作《假說思考》，中譯本由經濟新潮社出版）。但是，各位可能不知道的是，有許多客戶願意花錢雇用我們，不僅因為我們能夠幫助解決問題，更重要的是，我們會協助客戶尋找正確的問題並且著手解決。

在BCG內部，我們把這些應該解決的問題稱之為「論點」，也就是應該討論的焦點所在。

我們相信，要解決問題的第一步，就是設定正確的論點來回答。

本書是我們第一次對外公開BCG論點設定的方法，從「什麼是好的論點？」開始，到「如何發掘、篩選與選定論點？」到整理論點，作者都有詳細的說明。雖然，論點設定沒有一個固定不變的機械化公式，但是，全書提供了相當多BCG顧問常用的實戰手法與案例分析，提供各位讀者參考。

有關論點的發掘，通常有三個方式，包括提問並聆聽當事人說明，以及拋出假設並觀察對方反應，或實地走訪現場（工作第一線）。

比方說，你可能在與當事人對話的過程中，發現原來公司市場占有率下滑的原因，是因為沒有在新興的通路上取得優勢。或者，在實地走訪現場之後，注意到原來客戶流失，是因為零售商沒有把客戶的不滿傳達到總部。因此，**發掘論點的重點在於經常帶有強烈的問題意識，不要被表象所迷惑。**

至於篩選論點，懂得如何識別論點的「脈絡」好壞乃是關鍵。換句話說，必須了解「好的論點」與「不好的論點」之間的差別。

我們相信，一個好的論點絕不會過於空泛，也不會是一個遙不可及的夢想。像是「公司如何能夠在兩年內提升營收五〇％？」顯得過於空泛，「我們怎麼樣開發一個像iPhone般的殺手級產品？」則顯得不切實際。

一個好的論點，不但是可以解決的，解決之後也能為組織帶來極大的成效。回到剛才諾基亞智慧型手機的例子，「是否應該放棄既有的平台、投入Android陣營？」對諾基亞來說可能就是比較好的論點（諾基亞在二〇一一年初，已經決定放棄Android平台，而是採用Microsoft的平台，並逐漸減少投入現有的Symbian平台）。

當選定幾個關鍵論點之後，最後再將這些論點利用議題樹（issue tree）的方式梳理邏輯。你很可能會發現，這些關鍵論點之間存在因果關係。比方說，你可能認為「研發人員的滿意度」「客戶回饋的即時性」與「新產品開發能力」是扭轉公司虧損的三大論點，但是「研發人員的滿意度」與「客戶回饋的即時性」，其實是「新產品開發能力」（大論點）之下的兩個子論點（中論點）。

目前，《論點思考》與《假說思考》這兩本書，已經成為BCG新進顧問的必讀書籍，相信讀完後對各位尋找問題並解決問題的功力，會有極大的助益。

二〇一一年八月於首爾

（本文作者為波士頓顧問公司合夥人兼董事總經理、臺北分公司負責人）

第一章

你解答的問題正確嗎？

The BCG Way—The Art of Focusing on the Central Issue

1 解決問題，一切從設定問題開始

怎麼做才能把蛋糕分成二人都可以接受的二等分？

進入正題之前，首先想請讀者回答一個經典的謎題，讓各位暖身一下。

【問題】

A和B二人的面前有一個蛋糕，想把蛋糕分成彼此都能接受的二等分，應該怎麼分才好？

不知道你怎麼看待這個謎題？被視為「問題」的是什麼？

也許你認為這個謎題問的是：「怎麼做才能平均分成二等分」於是，為了平均切成二等分，你用尺量以決定從哪裡下刀，或是正在考量蛋糕上面草莓的數目、大小、鮮奶油的多寡，或正在苦思怎麼做才能切得平均又漂亮……。要把蛋糕分成二等分，還真是件煞費苦心的事。看來，想要正確均分還頗為困難。

然而，這個謎題的問題，並非「精確地平分為二等分」。其實，重要的部分在於「讓二人都可以接受」這一點，沒有精確平分為二等分也無妨。「怎麼做才能讓雙方都接受」，才是問題。

不知道你剛剛是否有正確掌握到問題的核心？

因此，正確答案應是——A應儘可能地把蛋糕平均切成二等分，然後再由B先選取喜歡的一塊。

因為蛋糕是A自己切的，所以不管B選哪一塊，A都可以接受。而B選擇覺得對自己有利的一塊，所以當然也能接受。如果認為問題是「怎麼做才能正確均分成二等分？」則解決時便會煞費苦心，但是，如果把問題放在「怎麼做才能讓二人接受？」則執行解決方案就會非常簡單。

而與此謎題極為類似的情形，莫過於繼承遺產。遺產繼承因為常引起糾紛，所以有時候不是「繼承」而是「爭承」。而這也和前述謎題一樣，如果把「怎麼做才能平分遺產？」當成問題核心，就會變得難以解決。即使委請第三人鑑價，算出資產總額，再將金額均分，當事人還是不會服氣。於是就會因為諸如「為什麼弟弟分到傳家的祖厝，我是長子，卻分到度假的別墅？」「為什麼一直都是我負責看護父母，分到的財產卻和不曾來探病的弟弟一樣多？」等，通常引起紛爭的原因並非物質層面的利害得失，而是計較情感層面的付出。

其實，遺產繼承的真正問題並不在於「如何均分」，而是在於「如何讓繼承人都心悅臣服」。

最嚴重的錯誤，就是針對錯誤的問題作答

解決問題乃是亟欲在商務領域上獲得成果時，一項非常重要的因素。而這時，認定

正在解決「正確的問題」，則是不成文的前提。

然而，試想你目前正在解決的問題、接下來要解決的問題，真的是正確的嗎？這些問題是否有被正確的設定呢？

很遺憾的，其並不一定每次都正確。而一旦問題設定錯誤，則即便解決了該問題，也還是成效不彰。

彼得・杜拉克曾在《人、思想與社會》一書中提到（暫譯，原書名 *Men*，*Ideas and Politics*）：

「最危險的事情，並非提出錯誤的答案，而是提出錯誤的問題。」（The most serious mistakes are not being made as a result of wrong answers. The truly dangerous thing is asking the wrong questions.）

此外，杜拉克也在《成效管理》（*Managing for Results*，中譯本由天下文化出版）中提到：**「重要的不是追求分析技術的完美，而是釐清與意見對立或判斷有關的問題。需要的不是正確的答案，而是提出正確的問題。」**

杜拉克所說的話可謂一針見血，察覺真正的問題，正是現今職場工作者必備的能力。若將直到問題解決為止的整個過程做個解析，則將如下所示：

問題設定↓擬定、提出解決方案↓實行↓問題解決

如果最上游的「問題設定」階段出錯，即使其後拚命破解問題、實行解決方案，不但解決不了問題，而且也得不到成果，只會造成大量時間和能量的損耗。

人們一直重複強調問題解決的重要性，而解說問題解決所需各種手法的書籍，也並排在書店裡。如果以「解決問題」為關鍵字，在日本亞馬遜書店（Amazon.co.jp）搜尋，將會出現一千本以上的日文書籍，由此可見大家對於解決問題的需求之高。

然而，事實上，在此之前還有重要的事——也就是說，**在開始著手破解問題之前，從看似問題的事物當中，發現真正的問題、決定應解決的問題。**

這個「真正的問題」「應解決的問題」，即稱為「論點」。而「設定論點」這個位於解決問題最上游的步驟，就是「論點思考」。

「要打什麼樣的廣告？」是應該作答的問題嗎？

為了讓超商陳列銷售自家公司的商品，食品製造商A公司目前正在研擬相關的廣告策略。主管給市場行銷人員的課題是——應該主打什麼廣告，才能讓超商願意銷售我們公司的商品？

據稱，該公司之所以開始思考「要打什麼樣的廣告？」是因為該公司業務向超商採購人員問到，為什麼不銷售自家公司商品時，對方回答：「因為你們的商品並沒有在電視上打廣告。」

然而，問題並不那麼單純。也許縱使在電視上打廣告，商品也未必上得了超商的貨架。即使上得了超商的貨架，也未必就會暢銷。A公司有將近一百種的商品希望鋪貨到超商，不可能每一樣商品都打廣告。因為這將會耗費龐大的行銷費用。

另一方面，如果前往超商看看貨架上陳列的商品，將會發現有不少商品並未打電視廣告。

那是超商主動想要上架銷售的商品——即使電視沒有打廣告，只要消費者有需求，超商就會上架銷售。

其中，哈根達斯（Häagen-Dazs）、奇巧巧克力（Kit Kat）應該也是。這些商品有其獨特性，其他廠商無法模仿。幾年前，奇巧巧克力就一直被當成日本升學考試的護身符而廣為考生所支持。這是因為奇巧巧克力的日文發音「KITTOKATO」聽起來，和「必勝！」的日文發音「KITTOKATSU」（きっと勝つ）極為相近之故。而在網路上進行的「考試包中商品」調查中，奇巧巧克力也是名列前茅。可見只要商品本身有其獨特性，超商就會主動上架銷售。

相對於此，當有多家廠商推出類似商品時，則為提高認知度而有播映電視廣告的商品，就會比較暢銷。

許多出貨給超商的製造廠商，都以為商品不打電視廣告就上不了超商的貨架，但是，其實這是成見。換句話說，「應該打何種廣告，超商才會銷售我們的商品？」並非論點，「究竟該怎麼做，才能不打廣告也讓超商銷售我們的商品？」或「該怎麼做才能形成產品差異化？」才是論點。萬一這兩個論點都無法解決問題時，「該打什麼樣的廣告？」才會成為論點。

開發新產品是否有助於公司成長？

假設接到某業務用機器廠商B公司委託，要求為其公司擬定成長策略。這幾年B公司的營收不斷下滑。為此，其經營者前來委託，希望能為該公司想一想「應開發何種新產品？」「應推動何種市場行銷策略？」的問題。

然而，在當前已臻成熟的日本市場，找不到可在一夕之間帶動成長的策略。即使針對「應開發何種新產品？」「應推動何種市場行銷策略？」等問題提出解答，看來也難有太大成效。

在這樣的情況下，發現其他業界有個可供參考的案例。以下是外商公司C公司的案例。

C公司獲致成功的關鍵在於改變商業模式（Business Model）。該公司並非藉銷售新產品來創造獲利，而是透過售後維修服務來獲取巨額利潤。此種商業模式一直以來即為影印機廠商和電梯廠商等所奉行，而C公司即據此相同構想，聚焦在「如何在產品銷售後，從客戶身上獲取利潤？」

以下對此做法詳加說明。比方說，以半導體的檢查設備而言，工廠最擔心的莫過於故障引起停工。因為如果設備發生故障，半導體製造就會停工而無法生產。

工廠方面的期望是，萬一發生故障，也希望半導體檢查設備停止的時間能盡量縮短。故障發生、聯絡廠商，並在當天之內，廠商的負責人員即前來確認故障原因，並在隔天帶修理人員前來維修。即使經修理後即順利復工，但從故障發生到完成復工，仍需耗費整整二天。或是雖然一眼即看出故障原因，卻因為叫零件要花二天時間，造成要花費四天工夫才能修理好。從工廠的立場而言，白白損失四天的產量。

C公司於是著眼於此，下了一番工夫研究。

例如，預先在檢查機器內放進遠距診斷裝置，以便可隨時從C公司監控相關設備在客戶工廠的運作狀態。

藉由此舉，該公司變得可以事先預測發生故障的可能。另外，當接到工廠聯絡發生故障時，C公司的負責人員將可帶著「因為做了什麼動作才導致發生故障」的相關資料，即刻飛奔到工廠。換句話說，負責人員將可在掌握故障原因的情況下，前去造訪工廠。

於是，第一次造訪時就可解決問題的可能性也會隨之提高。

C公司的半導體檢查設備即使發生故障，也只要半天就可以復工。但是，其他公司的設備卻要停工二至四天。在此情況下，工廠自然而然地捨棄其他公司產品，選擇C公司的產品。

以半導體檢查設備而言，高價者要價高達數千萬日圓，但是，半導體生產設備更在其上，價格高達數百億日圓。對工廠而言，此項設備投資堪稱巨額。如果檢查設備故障，生產線長時間停止，損失將極為慘重。看準這點的C公司為了和其他廠商進行差異化，徹底發揮創意，極力縮短故障待修時間。

而該公司的設備也因而贏得了「當機時間短」的好評，進而在鞏固客戶、提升市場占有率上發揮了重大功效。不過，要建立起一連串的服務事業體制，成本自是大增。於是，C公司乃將零件、修理費、維修費等價格大幅提高。例如，採取諸如「把設備用的特殊零件價格定得極高，但是如果與該公司簽訂年度維修合約，則該特殊零件即免費」

等架構。然而，由於該年間維修合約要價極高，幾乎只要簽約數年，相關費用就足以再買一台設備，因此，該公司利潤自然也大增。而這種不靠新產品提高營收，而是思考如何以現有產品獲利、留住既有客戶的策略，可說大大奏效。

問題的關鍵在於「既有客戶」

B公司經營者所思考的論點——「應開發何種新產品？」「應推動何種市場行銷策略？」除了必須付諸行動否則無法得知是否會有成效之外，若想持續提高營收，還得不斷推出新產品。

一般而言，擬定成長策略時，都會有「成長等於營收增加」的刻板觀念。而為了增加營收，又往往會把開發新產品、透過市場行銷策略拓展新客戶，設定為論點。但是，新產品是否能如願暢銷熱賣？行銷策略是否有助贏得新客戶？則不得而知。

經此重新思考後，就會逐漸看到不同面向，也就是「如何從既有客戶身上提高收益？」的論點。

若要從既有客戶身上獲取收益，就必須掌握客戶需求。在此，「如何了解客戶需求？」這個附帶的論點，也會隨之浮現。B公司的研發、技術、製造部門隸屬於總公司，販售和維修服務則分別由子公司、孫公司（編按：子公司的子公司）進行。

雖然孫公司深知客戶需求，但是，他們的意見卻鮮少完整傳達到子公司、總公司。總公司在未掌握客戶需求的情況下，總是不斷在提升檢查機器的功能上著墨，例如，在提高精準度、增加一秒鐘的可檢查量等上面下工夫。孫公司雖知客戶需求並非購買功能優越的檢查機器，而是希望把故障造成生產停止的時間控制在最小限度，卻沒有把這個需求傳達給總公司知道。

因此，B公司實有必要建立一個聽取服務維修第一線人員意見、掌握客戶需求的機制。具體而言即透過組織重整，把販賣、維修服務納入總公司旗下，掌握客戶需求，加強客戶服務，進而成功地從既有客戶身上提高收益，順利達成營收與獲利雙雙增加的目標。

B公司原先委託的論點是：「應開發何種新產品？」「應推動何種市場行銷策略？」然而，即使針對該問題提出解答，也無法帶動B公司成長。

於是，改為設定「如何從既有客戶身上獲取收益？」的新論點。而獲得的結論是——建立機制以有效掌握維修服務第一線的意見與客戶的需求，並且加強售後服務，進而成功地提升收益。

不過，也有在一般公認已無開發新產品的餘地，只能靠價格取勝的業界，藉著開發新產品而建構起競爭優勢的案例。這個和前述相反的個案，是歐洲某影印紙製造商的案例。

一直以來，大家都認為每家廠商的影印紙品質大同小異，所以「價格」幾乎都是企業決定採購與否的基準。換言之，影印紙就是一般所謂的「標準品」（commodity）。然而，有家廠商卻針對客戶的需求進行詳細的調查。結果發現，客戶最感不滿的並非價格，也不是紙張的顏色、品質、摸起來是否光滑細緻的觸感，而是偏偏總是在趕時間的節骨眼發生卡紙的狀況。相信大家也都有同樣的經驗。於是，該製造商不再把重點放在紙張的外觀，改而研發影印機用起來不會卡紙的紙張。據稱，結果深受好評，而該公司也因此免於陷入削價競爭的惡性循環。

這家製造商因為發覺真正的論點並非顧客注重採購價格低廉的紙張，而是在於提升影印效率，因此能夠提出此解決方案。

變更論點促成合作成功

我們曾受日本IT廠商D公司委託為其擬定合作策略。他們的委託內容是：「全球企業贏家中，哪家是最好的合作對象？」事實上，D公司早有心儀的合作對象——美國IT大廠E公司。

然而，我的直覺是「即使和贏家聯手也派不上什麼用場」。如果和已躋身贏家地位的E公司合作，對E公司而言，D公司很可能不過是其眾多合作對象當中的一個。D公司不但很難取得有利的合作條件外，合作後恐怕也無法在事業的推動上掌握主導權。搞不好還被當成如同E公司子公司般的對待。我當時認為D公司設定的論點——「全球企業贏家中，哪家是最好的合作對象？」是錯誤的提問。

相較之下，我認為以這個情況而言，合適的論點應是「和哪家公司攜手合作，自家公司才會躋身贏家地位，並使對方也成為贏家？」合作夥伴各自貢獻彼此的專精領域，追求共存共榮、建立雙贏的關係。也就是「能讓彼此攜手合作之後，不單是一加一等於二，而是能變成三、變成四的合作對象在哪裡？」的想法。

這家ＩＴ公司最後選擇和另一家當時還稱不上是贏家的美國企業Ｆ公司合作，並成功開發內建於可攜式資訊產品的重要系統。該系統其後成為業界標準，Ｄ公司、Ｆ公司也因而得以同時大幅成長。

如果維持原來的論點「全球企業贏家中，哪家是最好的合作對象？」據此進行市場調查，並從強項、弱點、技術力、服務提供力、市場行銷力等方面進行判斷，則必定會出現如下答案：「Ｄ公司原先的口袋人選Ｅ公司是最適合的合作對象。」

但是，透過改變論點為「和哪家公司攜手，自家公司才會躋身贏家並使對方也成為贏家？」進而找到其他答案。

「即使和贏家合作也派不上用場」是我根據己身的經驗所做的判斷。十多年前，我曾帶領訪日的ＢＣＧ高科技領域顧問，前去拜會數家日本大廠。當時，日本廠商都異口同聲地問及「第二個微軟（Microsoft）在哪裡？」這些廠商的想法都是希望自己能比其他廠商早一步發現第二個微軟，並與對方合作。

當時我心裡想，難道就不能抱有「和哪家公司合作，自家公司才會躋身贏家地位，並使對方也成為贏家？」的觀點嗎？正因為有這種價值觀與信念，我才會對「哪家企業是贏家？」的論點懷疑，心想：「這樣問，真的好嗎？」

老實說，我當時真正希望的是，廠商們可以問：「究竟該怎麼做才能變成第二個微軟？」然而卻沒有一家日本企業提出這樣的問題。即便現在碰到相同情況，恐怕還是鮮少有日本企業會提出這樣的問題吧？這是日本企業的強項，也是弱點。

不論如何，如果沒有變更論點，D公司恐怕不會有今日的成功吧？因此，決定論點的重要性由此可見一斑。

不管解決問題的能力多麼強，只要針對錯誤的問題作答，一切都是枉然。如果弄錯應作答的問題，則提出的答案再好，也對工作毫無用處，甚至還會造成公司遭受損失。

學生時代只需要針對考卷試題作答，所以正確的、高效率的解題法變成教育的重心。而且學校也絕對不會在國語試卷中摻雜數學考題，或出現「其中包含必須作答的試題與不作答也無妨的試題，請作答者自行判斷」之類的考題。

然而，在職場中，不會有人教我們「你應該作答的問題是這個，而不是那個」。即使上有主管，也不確定他們是否真的就會交付給我們正確的問題。每個人都必須自行從中發現問題，進而下定義。

這就是論點思考。所謂**論點思考就是定義「自己應作答的問題」的過程**。而在論點當中，也有最根本的概念，稱為「大論點」。**「大論點」指的是，在自己的工作中應貫徹完成的最終目標。**

另一方面，在大論點之下，還有許多逐步解決大論點之際，必須釐清的點或應解決的問題。這些即稱為中論點或小論點，也就是說把大論點進行分解，成為第一線或承辦人層次的問題。

放眼大論點，並掌握自己的問題——亦即中論點、小論點，正是現代的職場工作者必須具備的能力。

2 論點在解決問題過程中扮演的角色

以論點思考重建紐約的朱利安尼

問題解決能力高的人，其實就是論點思考能力高的人。

每當說到問題解決能力時，人們總是把焦點放在「如何解決既有的問題」上。卻不知其實是因為一開始的問題設定高明，所以才能漂亮俐落地進行解決。其實，問題找對了，才是問題的解決關鍵，勝負的結果早已因為論點思考的巧拙而底定。

前紐約市長魯道夫・朱利安尼（Rudolph Giuliani）在一九九四年至二〇〇一年的任期之內，對於打擊紐約市的重大犯罪事件寫下亮眼的成果。除了兇殺案降為三分之二，犯罪案件也減少了五七%、槍擊案件減少了七五%。他成功地把紐約市的犯罪案件量抑制到全美平均值以下，紐約市成為全美最安全的大城市，他也贏得「淨化紐約市的市長」美名。並以「犯罪率降低最多的市長」，被提名列入金氏世界紀錄。

他在自傳《決策時刻》（*Leadership*，中譯本由大塊文化出版）一書中指出：**「長久以來，每當開始投入新計畫時，我總會盡量在很早的階段，就在腦海中勾勒明確且關鍵的勝利示意圖。不必一開始就跨出一大步，而是以清楚易解、容易找出解決方案的小問題為佳。只要提示解決方案，就會萌生希望。選民、部屬，甚至原本站在批判立場的人，都會察覺我並非光說不練，而是有實際付諸行動、出現明顯的變化。」**

朱利安尼就任紐約市長之初，社會一般的想法是，沒人能改善得了紐約。市政在許多層面都需要做徹底根本的改革。問題堆積如山。卻又不能一次全面解決。而究竟要先從什麼問題下手，就是展現高超手腕之處。

從競選活動期間就在政見中宣示「讓紐約成為安全城市」的他，走馬上任後即立刻著手研擬打擊犯罪對策。然而，減少犯罪需要時間。另外，不僅要降低犯罪率，也必須讓市民有切身感受，覺得紐約市府確實積極改善治安。

嚴格取締違規穿越馬路行人，竟然減少重大刑案發生率

首先，他從「洗車流氓」的問題著手解決。論點則是：「如何減少街頭的洗車流氓？」所謂「洗車流氓」，指的是那些走近等紅燈或因塞車而停下的車子旁，擅自擦拭車窗之後，即向駕駛人提出各種要脅並強迫對方付錢的無賴。

他之所以率先處理此問題，是基於下述理由：「洗車流氓在橋梁或隧道附近的行徑特別惡質又囂張。如果在訪客造訪紐約時，在他們最初抵達紐約與即將離開紐約之前，經過的場所充斥著犯罪行為，訪客當然無法安心到紐約一遊。」

由於如果沒有當場逮捕洗車流氓向開車者暴力相向或敲詐勒索的現行犯，事後就不能再逮捕他們，因此，一開始實施這項措施時，人們都認為不可能收到成效。

不過，他根據自己曾當檢察官的經驗，想到以「漠視交通規則，違規穿越馬路」為由，嚴格進行取締。不管有沒有勒索駕駛，只要行人一旦走進車道就觸犯交通規則。這時就可以開立違反交通規則的罰單，而在這個階段，將可調查違規者的素行是否不良或

有無被通緝。結果實施不到一個月，洗車流氓已大幅銳減。

「每個人都清楚地看到改變。不管是市民或觀光客，都樂於見到這樣的變化。觀光客增加，紐約市的收入就會隨之增加，市民的工作機會就會應運而生。這是最初的成果。」（摘自《決策時刻》）

這成為值得紀念的重建第一步。換句話說，他把舉發洗車流氓設定為第一個應解決的論點。

他的政策被稱為「絕不寬容政策」。他把預算分配的重點放在警力配置上，除了增加五千名警察人員，加強街頭巡邏之外，並徹底取締任意塗鴉、未成年抽菸、搭霸王車、扒竊等輕度的犯罪行為。

一般認為，這些措施都是根據「破窗理論」（Broken windows theory）〔編按：一九八二年由詹姆士．威爾遜（James Q. Wilson）與喬治．凱林（George L. Kelling）提出〕——當建築物的窗戶破掉時，如果置之不理或拖延修理，將成為「根本沒人在意」的訊號，進而造成這個區域成為容易滋生犯罪的溫床，亂丟垃圾、扒手竊盜等輕度犯罪也會屢見不鮮。

如此一來，當地居民的道德感將會淪喪，變得不再協助社區維護安全，而這將導致居住品質更加惡化，將會一再發生包括重大刑案在內的各種犯罪。

重要的是，如果想要維持良好的治安，即使只是非常輕微的違反秩序行為，也必須嚴格取締。

朱利安尼注意到「**重大犯罪事件的發生率不可能突然降低，不過，嚴格徹底取締輕微犯罪行為較為容易，而且又能讓城市變得更安全**」，進而將「嚴格取締違規穿越馬路的行人」設定為當下必須解決的課題——這就是論點。

首先，對於被指派的問題存疑

我想聰明的讀者應該已經發現，擔任管理顧問的我，對於客戶最初的委託（論點），總會先抱著懷疑的態度。當客戶委託「應該開發何種新產品？」「應推動何種市場行銷？」時，我會思考「解決該論點是否有助帶動客戶公司成長？」當客戶委託為其「從全球企業贏家中找出最佳合作對象」時，我會思考「和贏家攜手合作，難道就保證一定好？」

不知道各位讀者在接到主管指派的課題時，又是什麼情形呢？我想，可能有時想也不想、二話不說就開始思考解決方案；有時雖然心存懷疑，卻因為是主管的吩咐，所以就直接遵照指示辦理。畢竟，萬一提出疑問時，說不定還會挨一頓臭罵，例如上司怒斥：「有時間東想西想，不如趕快解決問題！」但是，請各位讀者稍安勿躁。

部屬接到主管指派的問題，其實問題本身並不一定都正確。即使原封不動直接針對指派的問題作答，也可能無法得出「正確的答案」，或許也可能成效不彰。換句話說，這也對於指派問題給你解決的人毫無幫助。

接到問題時，我總是抱持「這個問題真的正確嗎？」也就是說，「論點設定真的沒錯嗎？」的觀點。

當主管指派論點給你時，也就是當你接到解決問題的命令時，你也應該先從懷疑收到的問題開始。

論點思考，是解決問題的最上游步驟

一般而言，當職場工作者投入問題解決時，像是「問題是什麼？」「應該解決哪個問題？」等問題設定，多半都已經由管理階層或上司事先做好，而自己則是負責思考其解決方法開始著手。

也許有人會認為，升任管理階層之前，日常業務中用到解決問題的最上游步驟——也就是論點思考（設定論點的過程）的機會並不多，所以學了也沒用。但是，這種想法是錯的，原因有二。

原因之一是，在日常看似瑣碎的工作中，也必定存在成為問題解決關鍵的論點。因此，工作成效將會因處理工作時有無意識到該論點而大不同。

明明遵照主管的指示完成了工作，提出後，卻不知怎地沒有太高評價——我想大家應該都有這樣的經驗吧？這是因為論點偏離所造成的結果。相對地，明明沒有按照主管的指示，不知怎地主管卻心滿意足——這些別人眼裡「聰明伶俐」的人，其實，他們都有正確掌握論點。

中階主管或年輕員工之所以也需要論點思考的第二個理由在於，精通論點思考的關鍵，其實有絕大部分取決於經驗。如果沒有從年輕時自我訓練如何發現論點——特別是發現最重要的大論點的日常訓練，等到有朝一日成為管理階層時，將成為難以順利解決眼前問題的主管。

因此，我們可以斷言，對於高階管理、中階主管、一般員工以及所有職位的人而言，解決問題最重要的關鍵，在於這個名為「論點思考」的最上游步驟。如果以前紐約市長朱利安尼為例，就可以說他設定「如何取締洗車流氓？」的論點極佳。

只要正確建立論點，也就是只要問題設定正確，解決問題就等於成功一半。相反地，如果問題設定錯誤，即使後續的策略擬定、執行，做得再如何精彩，可惜由於一開始的方向就設定錯誤，所以，當然不會得到好的成果。

如果以管理顧問公司的專案為例說明，只要提得出正確掌握目的或論點的優質提案書（proposal），就可獲得期待的成果，專案的成功機率就會大幅提高。因此，管理顧問公司的合夥人雖然會把其他的調查、分析作業全權交由部屬處理，但是，卻會投入自己全部的經驗和能力於正確掌握論點，並絞盡腦汁、腸枯思竭，努力做出最好的提案書。

競爭激烈的商場也一樣，勝敗完全取決於鎖定的問題、設定的論點上。

第二章

篩選可能的論點——策略思考的出發點

The BCG Way—The Art of Focusing on the Central Issue

1 論點思考的「論點」，究竟是什麼意思？

針對課題排定優先順序，並限縮範圍

當企業面臨某些問題，並覺得單靠一己之力無法解決時，或是當經營者覺得「缺失相繼發生，雖不確定真正問題何在，但希望改善公司」時，就是管理顧問登場之際。此際，優秀的管理顧問並不會想要一舉解決所有問題，而是聚焦一個課題，全神貫注、全力解決。

這也是因為企業往往有不計其數的問題，縱使想要一舉解決所有問題，也沒時間、沒有足夠的人力之故。

工作有截止期限，工時也受限。必須從眾多問題中抉擇，想辦法解決、交出成果。這麼一想就會了解，想要展現成果，選擇問題極為重要。誠如前面所舉前紐約市長朱利安尼的案例所示，解決後可彰顯成效的問題，才是好的問題。

然而，一般企業對期限或工時的認知大多相當曖昧。有些甚至沒有這種觀念。於是想要解決眼前的所有問題，或企圖解決以自己的能力根本解決不了的大問題。最後的結果就是變成所有問題都做一半，不上不下地被擱置了下來。

此時，就要針對每個問題訂定優先順序，鎖定一個或兩個問題之後，再力圖找出解決問題之道。

這裡最困難的事情在於，**設定應最優先解決的問題，也就是「論點」。但是，並不會有人來告訴我們「這就是論點」。必須自行思考「究竟什麼是論點？」並且判斷「這真的是眼前第一優先的問題嗎？難道說，沒有其他更重要的問題嗎？」**

在管理顧問這一行，如果只會分析被指派的問題、解決該問題，就稱不上足以獨當一面的管理顧問。一流的管理顧問必須善於發現「論點究竟是什麼？」

論點思考的四個步驟

進行論點思考之際，應記住以下步驟。

步驟一：篩選可能的論點（↓詳見第二章）

步驟二：限縮論點（↓詳見第三章）

步驟三：確定論點（↓詳見第四章）

步驟四：由全貌掌握論點（↓詳見第四章）

在此必須先說明的是，論點思考之際，並非全盤執行這四個步驟，也不是一定要按照「步驟一↓步驟二↓步驟三」的順序進行。而是要視時間和情況，運用必要的幾個步驟，而且順序上也是反覆來回。另外，各個步驟有時會是刻意實行，有時則會是在不知不覺的情況下實行。

圖表2-1 論點思考的步驟

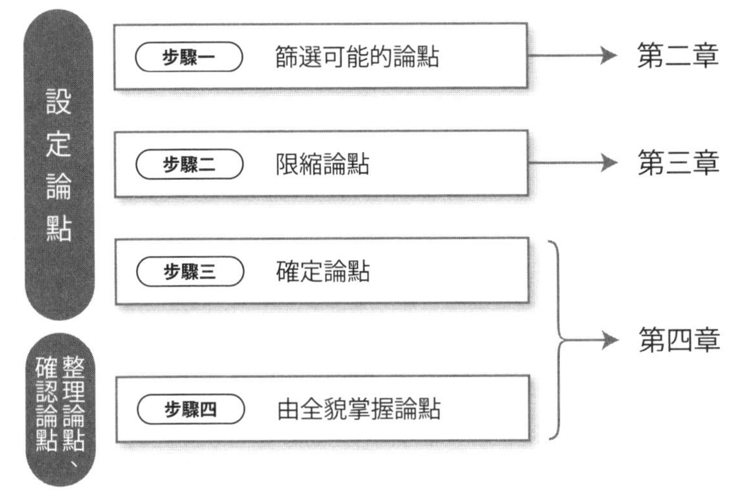

在這個論點思考的過程中，步驟一至步驟三主要屬於設定論點的部分，步驟四主要屬於整理論點或確認論點的部分（詳見【圖表2-1】）。

所謂**設定論點，是指定義「大論點」**。如前所述，**大論點是數個論點當中，達成目標的最上層論點，也是策略思考的出發點**。也就是把工作交給自己的業主（可能是社長、部門主管、直屬上司，有時候也可能是我們自己）所想要解決的困擾與課題，「翻譯」成為自己能夠了解的試題與執行任務。

整理論點、確認論點指的是針對大論點提出解答，而把「應深入挖掘的脈絡和

單位」因數分解為中論點、小論點，再進行結構化。換句話說，這是為了導出解答而建立假說，再逐步進行驗證、反證的途徑，透過橫向的因數分解和縱向的上下關係構造，定義出全貌。這個由縱、橫兩個方向衍生論點的整體結構，稱為「議題樹」（issue tree，亦稱為邏輯樹）。

其中，設定論點的部分即論點思考的核心。簡言之就是，發現什麼是第一優先的問題。

設定論點之際，有個絕不可省略的「步驟一：篩選可能的論點」。為了探究「真正的論點為何」，首先必須列舉出可能的論點——這是論點思考的出發點。

如果是管理顧問，當然有時候顧客提出的問題點就是論點。如果是職場工作者，有時候上司指示的課題就是論點。不過，只要有「這種事天底下難得一見」的想法就對了。也就是說，**對於客戶提出的論點或主管指派的論點心存懷疑，往往能夠較快找到解答。**

問題解決速度快的人，隨時都在思考真正應解決的問題——亦即「真正的論點究竟是什麼？」說得更具體一點，就是思考**「問題究竟是什麼？」「這個問題可破解嗎？」「破解之後有什麼好處呢？」**

為了找出真的論點，必須從想到所有可能的論點中，「預測」什麼是真的論點或「思索脈絡的好壞」。再進一步或是直接問客戶、上司「這真的可以解決問題嗎？」或是訪談他們、參照自己腦子裡的資料庫（編按：本書中稱為「抽屜」）等，逐步進行補強。只要能做到這點，縱使還沒想到任何解決方案，問題解決也已完成大約九成了。

我的感覺是，「步驟二：限縮論點」和「步驟三：確定論點」經常反覆來回，有時在「步驟二：限縮論點」的瞬間，論點即自動確定。如果預測後總覺得格格不入，有時也會試探對方，確認其真正意圖，重新確認論點有無錯誤。即便如此，也極少按部就班執行步驟一至步驟四的所有步驟。

不習慣論點設定的人，經常一下子就從「步驟三：確定論點」的手法之一——「訪談客戶、上司」開始著手。然後就想把聽來的內容進行「結構化」。總之，就是一心認為被指派的課題就是應解決的論點，毫不懷疑地著手開始進行，結果往往無法洞悉足以讓客戶、主管滿意的解決方案，最後都以失敗收場。

身經百戰的老手思考「真正的論點究竟是什麼？」另一方面，初出茅廬的新手反覆進行輸入（input）和結構化——這應該就是老手和新手最大的不同吧？

2 論點不等於現象

【案例】公司遭小偷

為了設定真正的論點，必須先了解論點的特徵。

首先，重要的是，切莫誤以為現象或觀察到的事實是論點，這是最重要的大前提。一般而言，大部分被稱為「問題點」的事項，往往都不是真正的論點，而是現象或觀察到的事實。如果把表象當成論點，則縱使積極努力解決問題，也多半不會有成效。

假設公司遭小偷，對公司而言，這是個大問題。不過，「公司遭小偷」並非論點，而是現象或觀察到的事實。但是很多人卻會把二者混淆。

圖表2-2　比一比！問題點與論點

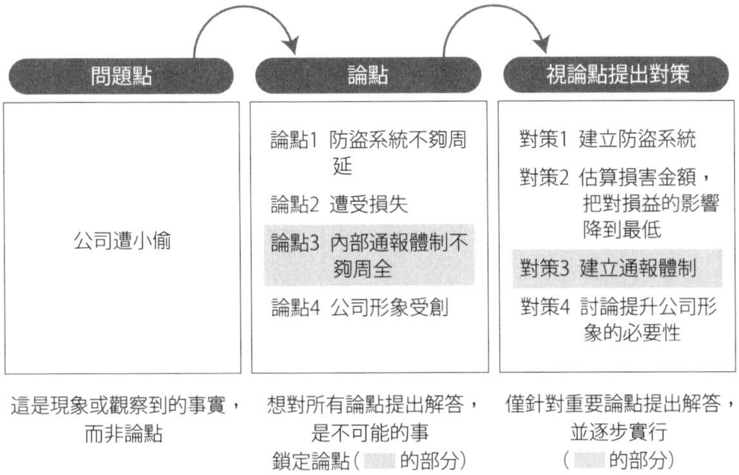
問題點
論點
視論點提出對策
公司遭小偷
論點1 防盜系統不夠周延
論點2 遭受損失
論點3 內部通報體制不夠周全
論點4 公司形象受創
對策1 建立防盜系統
對策2 估算損害金額，把對損益的影響降到最低
對策3 建立通報體制
對策4 討論提升公司形象的必要性
這是現象或觀察到的事實，而非論點
想對所有論點提出解答，是不可能的事
鎖定論點（　的部分）
僅針對重要論點提出解答，並逐步實行
（　的部分）

那麼，此時的論點究竟為何？此時的論點即如【圖表2-2】所示的，有很多種可能。

論點一：防盜系統不夠周延。

論點二：遭受損失（或其後有遭受損失的風險）。例如，現金、機密文件、設備等遭竊。或顧客名冊、專利資料等遭竊，將來恐有發生紛爭的風險。

論點三：內部通報體制不夠周全。其實昨天公司就已遭小偷，經營高層卻直到今天才接獲報告。

論點四：公司遭竊事件被媒體報導，導致

公司形象受損。

這裡最重要的是，依據鎖定的論點不同，所採取的對策也隨之而異。比方說，針對前述四個論點的對策分別如下所述：

對策一：建立防盜系統。裝設鐵窗柵欄、防盜攝影機、與保全公司簽約。

對策二：估算損害金額、調查有無保險理賠、對公司營收的影響。

對策三：建立通報體制和擬定緊急應變計畫。

對策四：掌握媒體報導引起的效應、討論因應措施的必要性。

從這個案例可以了解，由於論點的不同，對策也會隨之而異。換句話說，如果論點設定錯誤，不論想出的對策有多好，也派不上用場。

另一方面，如同上述，挑出四個可能的論點時，必定有人想一口氣解決四個論點。然而，這麼一來，最後一定無法解決問題。

企業不能把有限的經營資源，全部投入防盜對策或通報系統。如果想要解決四個論點，就會顧此失彼、怠忽本業。因此，必須從為數眾多的論點中，選定當務之急，眼前一定必須解決的論點，提出對策、著手處理。

比方說，應該這麼思考：「防盜系統不夠周延」「遭受損害」雖然都是不爭的事實，不過，因為在這次的竊盜事件中，未能將相關資訊及時傳達經營者掌握現況的「通報體制不周全」，其實才是最大的問題。因此，應該將這個問題列為最優先的課題，並且著手解決。可見得「限縮論點」和「割捨論點」等思考，在設定論點的過程中極為重要。

企業經營和學術研究的不同之處，在於企業經營不應該針對所有論點因應，如果無法鎖定焦點、設定論點，很難在條件限制之下擬定有效的解決方案並落實執行。

【案例】陷入經營不善的餐廳

接下來，我用一個貼近日常生活的案例說明。請各位想像一家位於你住家附近、經營不善的餐廳。如果問及「該餐廳的問題是什麼？」大部分都會得到下列答案。

- 很難吃
- 沒有客人光臨
- 交通不便
- 沒停車場
- 店面室內裝潢很沒品味
- 店面外觀簡陋
- 定價高
- 員工服務態度差
- 老闆態度不好

乍看之下，這些似乎都是問題，然而，其實只是「現象」或「觀察到的事實」，並非「論點」。為什麼我這麼說？

因為，有些餐廳雖然老闆態度不好或店面外觀簡陋，但是，因為菜色口味佳或員工服務水準高，因而成為人氣餐廳。當然，也有一些定價雖高，但是人們依然趨之若鶩、搶著預約的米其林三星級餐廳。

只掌握表象，並不能解決餐廳的問題；所以，發現潛藏深處的真正問題——也就是論點，就顯得極為重要。而且，A餐廳的論點也很少能直接套用在B餐廳或C餐廳。此外，如果把所有課題都當成論點，而且想要全部解決，也是不可能的事情。

必須從現象或觀察事實切入，更進一步深入探究，找出「只要解決這個，就能改善餐廳經營狀況」，也就是所謂的「癥結」所在。

具體的例子就是，對經營者進行訪談或實地調查，藉由此舉應可發現比方說「定價高，口味卻沒有達到定價應有的水準，所以客人不會再來第二次」「地點偏僻，沒開車就去不了，卻沒有停車場」「菜色口味佳，外觀卻破舊簡陋，所以除非是熟客，否則根本不想進門消費」等該餐廳特有的論點（詳見**【圖表2-3】**）。

圖表2-3　現象不等於論點

現　象

- 很難吃
- 沒有客人光臨
- 交通不便
- 沒有附設停車場
- 店面室內裝潢很沒品味
- 店面外觀破舊簡陋
- 定價高
- 員工服務態度差
- 老闆態度不好

⋮

論　點

- 定價高，口味卻沒有達到定價應有的水準，所以客人不會再度光臨。
- 地點偏僻，必須開車才能前往，卻沒有附設停車場。
- 菜色口味佳，店面外觀卻破舊簡陋，所以新客人根本不會進門光臨。

⋮

【案例】少子化問題

有些被社會視為「問題」，但是，其實卻不是「問題」的事物。例如，「少子化『問題』」就是一例。

以日本為例，在一九七〇年代前半，一年的新生兒人數約二百萬人，但是，近年則低於一一〇萬人。根據日本厚生勞動省（編按：相當於臺灣行政院衛生署加上勞委會的機關）公布的二〇〇七年人口動態統計顯示，二〇〇七年的出生人數為一〇八萬九七四五人，總生育率（Total Fertility Rate）為一．三四；也就是說，平均每一位婦女一生中所生育子女數為一．三四人。

為了因應這個現象，近年來，日本政府設置負責少子化對策的「內閣府特命擔當大臣」（編按：形同我國行政院直接任命官員負責解決少子化問題）等新職位、制定「少子化社會對策基本法」等，以此當成是少子化對策。

然而，所謂「少子化」並非「問題」，而是一個「現象」。換句話說，「少子化」並不是「論點」。

如果放大視野，由世界的層面來看，也許日本的少子化是值得慶幸的事。因為，在世界各國苦於人口增加引起糧食不足的情況下，如果日本的人口減少，也會降低糧食的需求。日本無法自給自足，必須從世界各國進口大量糧食，如果進口量因應人口而減少，這些糧食就會多出來。如果把這些多出來的糧食讓給其他因為糧食不足所苦的國家，勢必能拯救許多生命。

少子化不過是個「現象」，因此，我們應更進一步深入思考少子化究竟有什麼缺點？如果把少子化當成「問題」，究竟可能會產生什麼樣的「論點」？我試著列舉幾點如下：

【可能的論點一】一旦新生人口數減少，勞動人口將會減少，而日本的生產力（GDP、GNP）也會隨之下降。一九九五年日本的生產年齡人口（十五歲至六十四歲）為八一七一萬人，其後則逐年減少。雖然婦女和高齡者的就業率不斷上升，但是，勞動力人口也在一九九八年達到高峰（六七九三萬人）後，其後即處於衰減的趨勢。如果新生人口數持續減少，勞動力人口將會更進一步減少，從而預料將會導致經濟活動嚴重停滯、生活水準下降。

【可能的論點二】少子化將造成老年人口（六十五歲以上）對生產年齡人口的比例將會上升，而國民年金等社會福利體制將會因而變得難以維持運作。平均每一位年輕人的負擔將會增加。而這將會降低年輕人的投入工作的幹勁，陷入更不願生兒育女的惡性循環。

【可能的論點三】少子化造成國家財政將會因為歲入減少（勞動力人口減少、經濟活動停滯）和歲出增加（社會福利增加）而瀕臨破產。

【可能的論點四】少子化造成地方鄉鎮等地區高齡人口比重將會提高，失去蓬勃朝氣。

雖然我列舉四個可能的論點，但是，相關解決方案也因不同的個別論點而大相逕庭。

比方說，如果「生產年齡人口減少」是論點，就有增加外籍移民、建構方便女性就業的環境、創造高齡者就業的工作環境等解決方案。

如果論點是「年輕人的負擔增加」，那就必須改革長久以來寬厚對待高齡者的社會福利制度，建立一個減輕年輕人的負擔、提升他們的勞動意願、願意生兒育女的環境。但是，這是一個只能請老年人含淚犧牲、成全年輕人的解決方案。

如果問題是「國家財政瀕臨破產」，那就不能視之為「少子化問題」，而應思考縮小均衡等相關對策，包括建立一個「小而美」的政府、重新檢視社會福利制度等。

如果問題在於「鄉鎮失去活力」，則必須藉由地方政府打出足以讓老年人樂在其中、發揮自我專長等措施，讓鄉鎮地區維持朝氣蓬勃。

由此可知，解決方案會因視為應解決的問題之不同而異。

然而，目前人們卻看到少子化現象就將之當成問題，並討論得沸沸揚揚。在還沒有明確設定問題的情況下，就處心積慮，努力想要遏止少子化、改善出生人數或出生率。

反過來說，沒有任何答案能夠同時滿足這四個論點，這個事實分明顯而易見；但是，人們可能沒有察覺，或者視而不見——也許這才是真正的問題也不一定。

如果把少子化當成問題，提出討論，就必須決定前述四個假設論點中，究竟是為了解決哪個問題才實施少子化對策？不可能在尚未決定想解決的問題之前，就著手進行少子化對策。

這時，也有必要思考「這是誰的問題？」問題不但因人而變，也隨著「問題是針對誰而解決？」的對象不同，問題也會完全改觀。

截至二〇〇七年度（二〇〇七年四月至二〇〇八年三月）為止，日本企業創下連續六個年度獲利成長的紀錄。從企業經營的觀點而言，堪稱從二〇〇二年度以來，連續六個年度成功創下佳績。

然而，員工是否因為這樣就變幸福了呢？並不盡然。雖然公司的業績對經營者而言是好的，但是員工卻未蒙其利。企業進行減薪、減年終獎金、解雇、由正式雇用轉換成非正式雇用（短期約聘人員或計時人員）等種種讓員工變成「窮忙族」（編按：Working Poor，指的是雖有工作，但收入無法支付維持生活最低水準的族群）的措施。

以往，只要員工努力，公司業績就會成長，而公司也會以加薪、發獎金等方式回報員工。努力會反映在薪水、獎金上，而生活也會獲得改善提升。公司和員工的關係即所謂的「雙贏」（win-win）關係。然而，現在卻變成零和遊戲（zero sum），經營者和員工的幸福指數呈現反比的構圖。而讓所有人都覺得快樂的問題設定，也變得無法進行。「企業和員工的關係如何？」與「究竟是為『誰』而實施的少子化對策？」等議題，其問題的構造是相同的。

因此，如果是要解決少子化現象引起年輕人經濟負擔加重的問題，就應針對是否應該改革提供老人豐厚保障的社會福利制度等議題進行討論。

如果從日本經濟產業省（編按：相當於我國經濟部）、社團法人日本經濟團體連合會（編按：以下簡稱經團連，相當於我國全國商業總會、工業總會）的立場，認為問題在於勞動人口減少、GDP和GNP減少，那麼討論的方向就會是——究竟日本政府該不該大量接受外籍移民？該怎麼做才能讓更多已婚女性或高齡者投入就業市場？

如果是從高齡者的立場著想，就應該討論「該怎麼做，才能讓年金和醫療制度更充實、並提出可以讓老年人安心度日，盡情享受、發揮自我？」等措施。

如果我接到「請幫忙解決少子化問題」之類的委託，首先，我會告知委託者，其實說起來，「少子化問題」這個論點設定是很奇怪的事情。然後，我會接著詢問幾個問題：「請問一下，你想解決少子化問題的目的是什麼？是要解開『誰的』問題？是為了年輕人的幸福嗎？還是為了國家的經濟力？還是為了老年人的幸福？（或只是為了選票？如果是的話，我就不會接案……）」由於目的和對象的不同，解決方法也會大不相同。

縱使出生率獲得改善，由一．三四提高為一．五，人口還是會持續減少。如果真的只是想增加日本人口，其實，只要日本願意接受外籍移民就能解決人口減少的問題；但是，恐怕日本人很難接受這個方法吧？因為，日本社會普遍存在著移民政策弊多於利……等反對意見，例如：「恐怕會有產生文化摩擦、造成社會階級化、歧視等嚴重社會問題之虞。」「外籍移民也會被日本低生育率的生活型態同化。」等疑慮。

事實上，日本目前就有雇用東南亞外籍勞工從事照護老人或病人等工作，但是，卻沒有贏得好評。

如果認為「即使日本人口不多，只要人民生活無虞即可」，那麼，最務實的解決方案，就是卸下「經濟大國」的招牌，把日本政府組織精簡到「小而美」的規模。不過，從日本政府從政治的立場或是經團連從經濟的立場來看，這是絕對不可能列入考慮的對策吧？

如果著手解決問題之前，沒有先行釐清論點，將無從解決少子化問題。最後，為了構思解決少子化對策而被任命的內閣府特命擔當大臣，將成為一位不知從何下手解決少子化問題的政府官員——想必這位官員正為此苦惱不已。

避免設定論點之前直接解決問題

同樣地，「究竟該怎麼做，才能讓日本得到更多面奧運金牌？」的「問題」，也不能直接稱為「論點」。

這時，必須思考「為什麼要增加奧運金牌數？」比方說，如果目的是為了宣揚國威，那就未必一定要執著於奧運的金牌。也許增加諾貝爾獎（Nobel Prize）的得獎獎項也是可行之道。而碰到這個時候，只要思考「將諾貝爾獎日籍得獎人數增為三倍」和「把日本選手奧運金牌數增為三倍」二者，何者對日本國民有比較大的宣揚國威效應之後，再進行選擇即可。

如果目的不在宣揚國威，而在促進國民健康，那就應該思考其他有助提升體力的措施，而非設定像是奧運比賽這種高水準的目標。

社會上有太多未經確切設定論點，就被認為是「問題」的事物。因為是在還沒明確設定好論點的情況下就力圖進行問題解決，所以也就無法破解。

以下探討商業實務的相關案例，進一步說明現象不等於論點。

假設營收處於低迷狀態的G公司社長說：「本公司的課題是營收低迷，所以讓我們設法解決這個問題吧！」

這時，身為管理階層的你，會出什麼招呢？

例如，為了增加營收，於是採取各項行動，包括降價、打廣告、端出促銷方案、鞭策業務部門努力等。這些治標不治本的方法或許會有如打強心劑一樣，出現短暫成效，但終究難以持久。

何以如此？因為營收低迷不過是「現象」罷了。

另有造成營收低迷的真正原因，亦即「論點」。

比方說，也許是因為商品本身不具吸引力，也許是因為商品雖有吸引力，卻因通路選擇或推廣策略錯誤，以致營收沒有起色。

假設G公司「這十年來營收一直停滯不前，且獲利率不斷下降」，為了改善這個狀況，經營者前來找管理顧問協助。面對這個委託，管理顧問究竟該怎麼處理？

首先，單是「營收停滯不前、獲利率下降」，並不足以成為論點；必須類似以下的內容，才能稱得上「論點」。

【可能的論點一】業界不斷成長，只有G公司營收原地踏步，獲利率也不高。

【可能的論點二】業界整體呈現低成長，G公司也不例外。不過，業界裡面還是有公司獲利。例如，在成長遲緩的電車運輸業界，還是有像京王電鐵（Keio Corporation）這種創下營收減少但獲利增加的優秀公司。

【可能的論點三】過去每當本業成長趨緩時，一定會有新事業、新產品適時嶄露頭角，但是，近來卻完全沒有新事業、新產品登場。例如，以索尼（SONY）而言，當電視進入成長衰退期時，就有隨身聽（walkman）、隨身CD播放機（discman）問世，而這二者進入衰退期時，就有遊戲機PS

（Play Station）出現。換句話說，以往索尼總有帶動公司整體向上提升、劃時代的新產品、新事業適時出現，但是現在的索尼卻非如此。這裡說的就是與此類似的狀況。

【可能的論點四】隨著本業逐漸萎縮，於是傾注心力發展新事業，而營收也順利成長。可是卻只能勉強填補本業營收低落的缺口，新事業的獲利率並不高。這時候，也會有一些次論點（sub issue）應進行考量，包括：以獲利模式來說，新事業的獲利率本來就不高，或因為還處於起步階段所以獲利率低，等等。

一般問題不足以當成論點

當經營者為「我們公司沒有獲利」「問題在於獲利比〇〇公司差」而苦惱時，將有必要確實釐清其是否真的是問題的本質。如果和原先擬定的計畫不同，或經營者認為這麼做應會賺錢，但實際做了之後，卻未如預期般賺錢時，這才足以成為論點。

企業本來就面對無數問題。有營收或獲利等數字的問題，也有員工士氣低落、員工流動率高、職場環境惡劣等問題。

然而，縱使這些一般都稱之為「問題」，對該公司而言，這些往往都不是論點。

如果想要解決所有一般的問題，就會變成「雖沒有缺點但也沒有優點」之毫無特色的公司，也不會創出利潤。觀察業績表現傲人的公司，將會發現這些公司都有突出的部分。一般而言，這些公司雖存在著人稱「問題」的問題、看似草率粗糙，但往往都能透過突出的優點來彌補缺點，進而業績蒸蒸日上。

比方說，日商瑞可利（RECRUIT）公司就是最典型的例子。

以瑞可利而言，該公司培養能獨當一面、業績表現優異的年輕員工一個個離職、自行創業。如從員工流動率這個指標來看，瑞可利可說是個存在嚴重問題的公司。然而，這點卻同時也是該公司的強項。

如果沒有理解這點，誤把心力放在降低員工流動率上，或許反而會導致創業精神旺盛的員工士氣大幅低落。

論點並非乍看即知、單純的問題點；論點不等於現象，也不等於觀察到的事實。務必一開始就把這個觀念烙印在腦海中。

類似媒體報導喧騰一時的銀行自動櫃員機（ATM，automated teller machine）等電腦系統當機狀況，發生原因其實有許多種。包括硬體的問題、軟體的問題、網路的問題等皆是。此時，如果是硬體的問題卻檢查軟體，根本無濟於事；如果是軟體的問題卻檢查硬體，系統也不可能復原。

然而，「對症下藥」其實難度最高，因為病徵與病灶不一定直接相關。比方說，看著當掉的電腦系統，不難想像，如果系統愈複雜，連接其他系統愈多，就愈難在短時間內，找出究竟是硬體或軟體的問題？還是網路的問題？只要能做出正確的診斷，解決問題的速度就會加快。在複雜度日增的現今，企業面對的課題或許也和此電腦系統當機的課題相似。也就是說，病灶（真正的原因）往往和病徵（表象）沒有直接連結。

那真的是論點嗎？

如果想要發現論點，就必須隨時質疑「那真的是論點嗎？」即使聽別人說「這就是問題」，而茅塞頓開地想「原來如此」，但也不能因此就停止思考。必須不斷地重複問「為什麼？」思考「原來如此……，可是，究竟是為什麼呢？」

比方說，假設有家公司其業務團隊的生產效率比其他同業低。試想，為什麼業務部門的生產效率低？

「你有去找應訪的客戶嗎？」

「拜訪頻率恰當嗎？」

「見面時，有執行必要的步驟嗎？」

「執行必要的步驟之後，有創出應有的營收嗎？」

透過這樣的思考過程，有時「原來沒有好好地拜訪必須拜訪的客戶」等問題，就會逐漸浮現。

然後，由此再更進一步深入挖掘探究。重要的是，更深一層思考「何以沒有充分拜訪應訪的客戶？」的原因並逐一深入探討。

比方說，必須像以下所敘述地試著往下追根究柢。

「居然不知道哪個是應訪的客戶，為什麼？」

「為什麼了解誰是應訪的客戶，卻不覺得有需要前往拜訪？」

「覺得有必要前往拜訪卻總是延後，這是為什麼？」

「即使想去拜訪但對方避不見面，這又是為什麼？」

「即使對方願意見面，是否就是真正應該拜訪的關鍵人物？」

接著，再就此更深入進行探究。如果問題點是「雖然了解，卻不覺得有必要前往拜訪」，那麼就要深入追究——何以不覺得有必要？

透過深入思考，將會發現如果不把業務人員的想法也考量在內，再逐步深入追究，將無法擬定切中核心的正確對策。

如果問題點是「雖然覺得有必要，卻總是延後」，那麼就要再想一想「為什麼拜訪順序排列在後？」如果問題點是「雖然想去拜訪，對方卻避不見面」，那就要想一想願意見自己的公司，究竟是什麼樣的公司？願意見自己的公司和不願意見自己的公司，又各有什麼特點與要素？

透過不斷反覆問「為什麼？」將可逐漸逼近課題的真正核心。

3 論點會變動

論點因人而異

BCG的管理顧問可說每天都不斷地在討論「論點是什麼？」這道出了論點思考的重要性和困難度。

論點思考之所以困難，固然是因為可能的論點不計其數，必須從中找出可能的論點並深入探究之外，另一方面，也是因為論點會變動之故。何以說論點會變動？推究其原因如下：

①論點因人而異

②論點隨環境而變化

③論點會進化

首先，從「論點因人而異」這一點談起。

比方說，即便是同一家公司，社長面對的經營課題和業務部門主管面對的經營課題，也必然不同。就更別提經營者和承辦人或課長層級所面對的課題之差異，如果以「天壤之別」形容二者之間的差異，也絕不為過。

即使是同一家公司，經營者和財務長的課題也各不相同。當某事業部門欲振乏力時，心想應設法重建該部門的事業部長和認為退出該事業也無妨的經營者，二者的論點自然有所不同。

舉例而言，當思考目前豐田汽車（Toyota Motors）的論點為何時，相關論點也會因從誰的立場來思考而有不同。如果從股東的角度思考，自然會認為「成長性」就是論點。如果從執行長的立場思考，論點應是今後的經營方針。如果是業務負責人，則或許是重振國外市場，特別是美國市場的業績。另外，如果是研發負責人，則或許會認為新世代汽車的開發和建立業界標準才是論點。由此可知，論點隨立場的不同而改變。

說明至此，各位讀者或許會覺得「這不是理所當然的事情嗎？」然而，實際上，**當你一心想要解決問題時，很容易忘記「現在，我究竟是在解答誰的問題（論點）？」**大家應該特別注意這一點。

這也是因為隨著解決的是「**誰的論點**」，切入點和答案也會有所不同之故。甚至會滿足「**誰的需求**」也會隨之有異。如果弄錯究竟「**誰是論點的擁有者？**」將會提出截然不同的答案。這就像眼前有多位主考官，出題內容隨著主考官而異一樣。解答之前，必須先研判究竟解答的是哪位主考官的考題。

論點隨著環境而變化

事實上，論點常會受各種外在因素或內在因素的影響，或因為高層主管的問題意識改變、優先順序變更，而發生變動。

「論點」這個名詞，因為稱為「點」，所以總給人一種靜態的印象。然而，事實上其卻變化多端，非常動態。

比方說，一直以來，為了提升自家公司產品的知名度，而把廣告或促銷等市場行銷策略列為最優先課題，並全力投入。但是，就在此時，因為競爭廠商推出劃時代的新產品，導致被迫必須從頭開始重新檢視相關策略——諸如這類情況可說極為常見。舉例而言，正當索尼全力投入MD隨身聽的宣傳或新產品開發時，蘋果公司（Apple）突然推出iPod的例子，就是最典型的案例。換句話說，當蘋果公司推出劃時代的產品時，論點就已經產生改變，從以往的「如何推動市場行銷策略以鞏固MD隨身聽的地位？」轉變為「究竟應該採取何種策略以對抗iPod？」

這就好像考試時解題到一半，試題突然更換一般突兀。這種事情雖然不可能在學校的考試中發生，但是，在瞬息萬變的商場上，卻如同家常便飯一樣。比方說，前述豐田汽車的案例，其論點也是與時俱進。

二〇〇八年上半年之前，豐田汽車的論點應是「如何維持既有品質又能逐步擴充產能，以因應激增的需求、成本暴漲的問題？」但是，次級房貸引發金融海嘯，造成全球經濟不景氣以後，受美國市場低迷影響，或許確保利潤或提升新興市場的營收，即成為最大的論點。或是一直以來，成本競爭力雖被認為是豐田汽車的強項，但曾幾何時，該公司卻已演變為高成本體質，或是由於印度塔塔汽車（Tata Mortors）嶄露頭角，導致該公司的地位倍受威脅。若是如此，其論點也有可能變成應該重新回到原點，思考如何以低廉的成本生產汽車。

另外，即便是同一個人，論點也會與時變遷。比方說對企業的高層而言，整體環境如果改變，應解決的問題也會跟著改變，另外，因為事物發展的階段持續進化，應解決的問題，也就是論點就會不斷改變，類似這種狀況也很常見。

例如，對製藥公司的高層而言，新藥的開發是無論如何也一定要讓其成功的大論點。在這個大論點之下，藥效確實優於既有產品、無副作用、儘早取得主管機關許可等，將成為中論點。然而，一旦成功完成開發的那一刻，諸如該如何販售該藥品、是要自行布局國外市場或是要委託當地製藥大廠代理銷售等，如何把回收擴張到最大，就成為「大論點」。

如果是自己獨資創立公司的經營者，則創業之初的最大論點應是「如何讓自己開創的事業獲致成功、鴻圖大展？」但是，隨著時光流逝，「該怎麼做，才能讓公司即使在我交棒之後，也依然能夠永續發展？」就成為大論點。所謂接班人問題或建構企業管理體系……等事項，即相當於此。

論點會不斷進化

也有論點隨工作的進行而變動的案例。這意味著隨著作業的進行，原先沒考慮到的論點浮出檯面，並發現這些論點才是更本質的課題。

例如，假設為了走出業績低迷的陰霾，主管命令你拓展新客戶及開發新產品。換句話說，主管認為「沒有拓展新客戶」「沒有開發新產品」是業績低迷的論點。

於是你先進行拓展新客戶所需的調查，藉以了解「新客戶在哪裡？了解客戶有什麼不滿？做什麼樣的妥協？」……等，以掌握潛在的需求。其次，你進一步調查競爭廠商採取的行動，分析自家公司經營資源的強項、弱點等。另外，你也進行相關市場調查、建立應開發的產品之概念，為開發新產品做準備。

而就在進行這類分析的過程中，你發現這二者都需要投入龐大的時間和資源，但是成果卻不顯著或極其有限。看來，與其開拓新客戶或開發新產品，不如深耕既有客戶、加強既有商品的販售，還比較能在短期內看到成效，而且成功機率也比較高。

當你向主管報告相關狀況後，主管也贊同，表示：「你說得對！那就全力鎖定既有客戶、加強現有商品的販售吧！」

就在這個瞬間，拓展新客戶或開發新產品頓時失去意義，而如何把現有商品賣給既有客戶的「鎖定既有客戶」，則成為論點。

論點就像這樣，常會在進行作業的過程中不斷進化。

透過作業或討論，將可找到其他論點

以下介紹另外的案例。

假設貴公司針對業績低迷的理由，打出了「研發、生產、銷售三者沒有做好整合」的論點。

雖然研發部門認為產品賣不出去，是因為業務部門沒有全力投入推銷導致，但是事實上，他們總是沒有掌握客戶的需求，就直接進行產品開發。

生產部門則不信任業務部門的銷售預測，自行擬定生產計畫。

業務部門因為不知道生產部門會提供多少暢銷商品給自己，所以下單時多會預留一點數量。由於各部門自掃門前雪，憑自己的理論行事，導致常常不是庫存過多，就是缺貨。

調查原因之後，你發現各部門的業績考評系統，都是以力求最適合各該部門的需求而建立，而這才是最根本的原因。

業務部門僅根據銷貨實績進行考評，即使庫存增加，也和考評無關。所以沒有意識到庫存量的數字，只想提高銷貨實績。而是否依照計畫生產、品質有無問題等事項雖是生產部門考評的要素，但是，生產的產品賣不賣得出去卻和考評無關。至於開發部門的考評基準雖包括是否有按照規畫的成本、時機研發新產品，但是，開發的新產品是否暢銷，對考評則沒有太大影響。

如此一來，論點就不是「問題在於研發、生產、銷售沒有做好整合」，而會進化成為「問題在於各部門的考評基準不一，結果導致公司整體沒有整合為一」。

你以為這樣應已完成論點的設定，並試著在與管理高層舉行的會議中論及此事，但是，卻又覺得不對勁。為了更進一步釐清，你試著調查其他公司的案例，結果發現，雖然採取和自家公司一樣的考評系統，但是研發、生產、銷售等三方依然整合一體的公司也為數不少。

那麼，何以自家公司的開發、生產、銷售沒有獲得良好整合呢？就在試著由俯瞰的觀點進行全盤思考後，終於找到問題的癥結，在於經營高層的領導能力。高層出身於銷售部門，雖然對銷售很重視，卻不大重視研發、生產。這樣的態度造成部門之間缺乏橫向合作和聯繫，導致業績低迷。這時，才終於發現真正的論點在此。

像這樣透過親自作業、進行討論等方式，有時將會發現原本以為是論點的事項其實並非論點；或是即使相同的論點，也有更進一步深入探討的餘地，而論點也逐漸隨之進化。

第三章

以大膽推測、看清脈絡好壞，來鎖定論點

The BCG Way—The Art of Focusing on the Central Issue

1 大膽推測

如何知道好釣場？——建立假說

限縮論點之際，有兩大要點。其一是「推測」，其二是「看清脈絡的好壞」。

「推測」指的是類似下述的情況：

釣魚時，釣客心裡會想好「這一帶應該有魚」並開始垂釣，這是根據經驗和直覺所做的判斷。如果釣不到魚，就在那一帶附近稍微移動轉換釣場；如果仍舊沒有魚上鉤，就乾脆轉移陣地到其他釣場。

以**【圖表3-1】**為例，從釣場3開始，以該區域為主，在其範圍內小幅移動，而

圖表3-1　推測有魚上鉤的好釣場

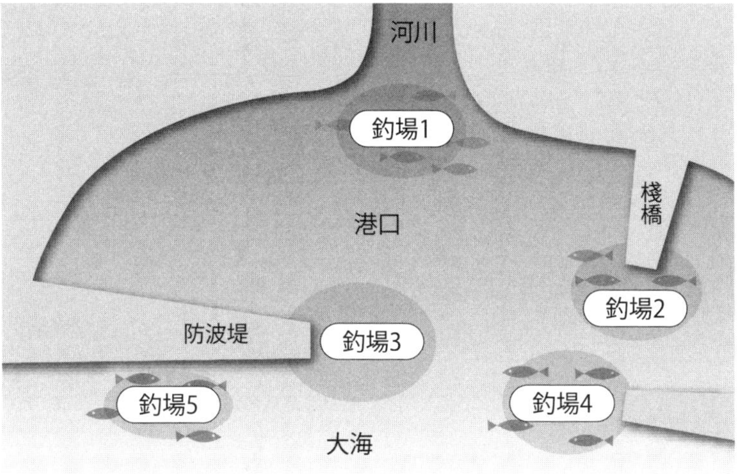

如果這樣還是沒幫助，乾脆轉移陣地到釣場２——這並不符合邏輯。

而所謂「推測」即與此有雷同之處。

如果要用邏輯的方式來處理這件事，那麼，比方說，就得把整個釣場繪製成為方格紙上的等比例平面圖，接著進行地毯式垂釣，沒有魚兒上鉤的方格就刪除。然後，繼續在可能碰到出現大量魚群的地方垂釣，直到魚兒上鉤再決定該處為釣場，最後坐下來好好釣魚。

但是，沒有人會這麼做吧？應該都是根據過去的經驗，進行諸如「這一帶好像有魚可釣。」「清晨時，這一帶多半沒有魚。」「先在這裡釣魚，萬一沒魚上鉤的話，再轉到那邊釣。」之類的判斷，一步步找到有魚上鉤的釣場。

以「運用切身經驗或研究進而建立的假說」而言，這種切入方式也是筆者在另一本著作《假說思考》中所提倡的「假說思考」。也就是說，從許多有可能的論點中，運用假說，推測究竟何者是論點。

從似乎能夠明確區分黑白之處切入

在商場與職場的論點設定，也和找到有魚上鉤的釣場極為類似。

比方說，H公司業績慘澹，營收原地踏步、獲利率下降。

這時，標準的方法是，由看似「比較容易分出黑白」的地方切入。例如，可以朝下列方向思考：

- 業績低迷是一時的嗎？或是已經持續了好長一陣子？
- 這是在特定的事業領域或部門發生的問題嗎？還是H公司整體的問題？

・整個業界都呈現低迷嗎？還是只有H公司有這個問題？

如果最後發現，業績萎靡不振是整個業界的共同問題，而且是H公司所有部門普遍可見的現象，而且已經持續很長一段時間，那麼就可認定，這是超越單一企業所能掌控的「結構型不景氣」。這麼一來，應該解答的「問題」是：「在業界整體陷入不景氣的情況下，H公司有辦法走出這個困境嗎？」

相反地，如果發現是單一部門一時的問題，和整體業界無關，則比較可能成為論點的將會是：「該部門是否策略規畫不當？」「管理層面的問題是什麼（例如領導力）？」等。

以下再舉另一個例子。請大家試著思考這個案例：「在市場占有率的競爭上，自家公司的商品落在競爭商品之後，為什麼會落居下風？」這時也可以設定如下得以明確分出黑白的問題。

・商品有認知度嗎？還是有認知度但在店鋪卻滯銷？

- 店家是否沒有將商品陳列在貨架上？還是有陳列在貨架上，但是沒有人試購或首購（trial）？
- 消費者是否沒有重複購買（repeat，反覆購買相同商品）該商品？還是有重複購買，但重複購買者每人一年的購買量微乎其微？

就像這樣，一步步進行分解與推敲。

探索業主較不關心的領域

除了前述方法之外，我最常用的方法是，聚焦在經營者不大具有問題意識的領域。比方說，當經營者說「業務部門有問題」時，我會把目光轉移到商品開發或生產部門。這也是因為，經營者抱持關心的領域，常是公司內部管理較完善的領域。相較之下，經營者不大關心的領域，往往暗藏著大問題或改善的空間。因此，只要是任何一位職場工作者，都應該試著對業主（社長、部門主管、上司）比較不關心的部分抱持懷疑的態度。

另外，組織和組織之間的縫隙或交會處也有許多線索。例如，當庫存演變成問題時，生產部門就指責業務部門，說業務部門把乏人問津的產品說成「一定會暢銷」，結果造成庫存；而業務部門則指責生產部門，說他們總是來不及生產暢銷商品，只會製造大量滯銷商品。業務部門和生產部門相互推諉卸責的局面。這時，雖然必須把兩造孰是孰非查個水落石出，設定為論點。不過，最後總會發現，其實是因為業務和生產之間欠缺良好的共享資訊平台，造成多餘庫存，或造成原本應該暢銷的商品卻錯失商機。此時，「為什麼雙方無法共享庫存資訊？」或「如何讓雙方順利共享資訊？」才是應提出探討的論點。

只要抱著「嘗試推測」的意識，並不斷從各種案例中累積經驗，就會自然而然地變得會「推測」。

剛開始的時候，失敗在所難免，不過，重點是可以從經驗中學習。相反地，如果一直運用滴水不漏的行事方法——因為想一網打盡、一一調查，所以稱為「網羅思考」——那麼，即使累積再多經驗，經過再長的時間，也無法學到推測的本領。因此，推測可能的論點時，運用「假說思考」（「建立假說、驗證假說」的反覆循環）就很重要。

連鎖式切入法——問五次「為什麼？」

接下來介紹另一個稱為「連鎖式切入」的方法。這個方法和我在《假說思考》中介紹的問五次「為什麼？」是一樣的。

例如，「主力品牌不再暢銷」之類的情況時有耳聞。如果這種情況發生在生產糖果餅乾的食品廠商身上，則可試著朝下列方向切入：

- 主力品牌有哪些？
- 只有自家公司的主力品牌乏人問津嗎？或是同業也滯銷？
- 所有主力品牌都不再暢銷嗎？還是只有部分主力品牌？
- 是否因種類而異？比方說，大人吃的糖果餅乾（主力品牌）依然暢銷；但是，兒童吃的糖果餅乾則滯銷？

• 這時，如果賣不出去的量和兒童人口的減少之間有關，滯銷自是理所當然。但是，如果滯銷量遠超過減少的兒童人口數，會不會是商品生命週期已面臨結束？

像這樣以連鎖方式挖掘各種可能後，無法排除的部分或卡住的部分就會浮出檯面。舉例來說，假設自家公司內部也有持續熱賣的品牌和已經沒落的品牌。這時，首先要確認該等商品是否為同時期上市銷售的品牌？

如果同時期上市銷售的兩個商品，一個持續熱賣，另一個銷售量卻大幅衰退。那麼，其因素為何？

比方說，一方的產品領域中，是否競爭品牌推出強而有力的競爭商品？如果競爭態勢依舊，那是消費者改變了嗎？

而如果是消費者改變，那是樣本數縮小的緣故嗎？還是樣本數的需求或喜好傾向改變了？以樣本數縮小為例，如果是以兒童為對象的商品則放著不管，因為兒童商品的整體市場一樣萎縮。以需求與喜好而言，最典型的例子就是，與以往相較之下，人們已經變得不大愛喝可樂等氣泡飲料，取而代之的是較常喝茶或礦泉水。

透過這樣的方式，將可不斷深入探究主力品牌乏人問津的理由，進而抵達真正的論點所在，這就是「連鎖式切入法」。

繼續往下深掘？還是另起爐灶？

假設某商品在競爭中處於劣勢。於是前來尋求顧問公司協助，希望超越競爭品牌，提高市占率。

明明只要顧客一旦買過該商品，就有很高的比例會再購買，但是，卻很少有人會一開始就出手試購或首購。經過調查發現，消費者不想試購的原因在於，雖然消費者認識該商品，可是業務人員沒有去勤跑業務，店鋪沒有陳列該商品。若是如此，就必須考慮「更進一步加強業務」。如果是店頭有陳列該商品，卻因認知度低導致乏人問津，就該思考「提高認知度」。

如果消費者有嘗試購買，卻沒有再次購買，就應做這樣的推測：「這個商品是不是不夠優？最好加強商品研發能力。」

而當就此做更深入的調查後，就會出現兩種情況，一種是同一論點不斷往下深掘，另一種情況則是論點必須另起爐灶，也就是說，必須放棄眼前的論點，將目光轉向其他可能的論點。

首先介紹順利往下深掘的案例。假設已根據不同消費者區隔，調查過「何以試購率低」。在針對熟齡主婦、年輕主婦、有小孩與沒小孩的人等不同族群進行調查後發現，熟齡主婦的認知度雖高，年輕主婦卻很低。究其理由在於播放電視廣告的時段全都是以銀髮族為對象的節目之故。這時，只要對此提出因應之道，認知度就會提高、試購率就會提升，重複購買率也會增加。這種論點不斷往下深掘的案例也較少引起混亂。

比較難搞的是「另起爐灶」的案例。比方說，沒有一個論點能夠做為特定論點時，就必須另外找論點。舉例來說，經過調查幾個輸給競爭對手的要素之後發現，不論哪個層面都呈現些許落後的情形，實在很難鎖定某個單獨的特定原因改善。雖然，說不上來究竟是什麼不好，但就是覺得有哪裡不對。比方說，「若能有這個應該很好」「若能有那個應該很好」之類的推測很多，但是，卻不可能每一樣都做。

舉例來說，市占率落後競爭品牌，經過比較雙方的認知度、鋪貨率、試購率（首購率）、重複購買率等要素後，出現以下數字：

	認知度	鋪貨率	試購率（首購率）	重複購買率
競爭廠商	九〇%	九五%	八〇%	六〇%
自家公司	八〇%	一〇〇%	七〇%	六〇%

像這樣在數字方面並沒有出現明顯差異時，就必須放棄採用繼續往下深掘的方式，也就是不再將認知度或鋪貨率的數字發展一個個論點深掘切入。簡單來說，這就表示之前這個深入探究的論點，其實和真正的問題有所偏離，並未直搗問題核心。

碰到這種時候就要重新挑出不同觀點的論點。例如，原因會不會是不同地區造成的差異？會不會是競爭品牌在持續坐大的通路不斷擴大占有率，而我們公司卻還是把重心放在傳統的既有通路，造成市占有率出現落差？必須像這樣試著從與試購率或重複購買率截然不同的觀點來思考論點。

2 看清「脈絡好壞」

堅持問題一定要有辦法解決

設定論點之際，最棘手的一件事情，就是在真正的問題（也就是論點）的周圍，會有緊緊跟隨著的中論點、小論點，甚至冒牌論點若隱若現。有時也會碰到錯誤的問題、無法破解的問題。

當看來像是論點的問題出現在眼前時，我會從下列三個要點來加以探討。

①能解決嗎？還是不能解決？

②若能解決，可以（容易）實行嗎？

③若能解決，之後有多大效益？

首先必須釐清「**問題能不能解決？**」挑戰無法解決的問題，只是時間、人力和物力的浪費而已，成效不會彰顯。只要知道無法破解，就應立刻捨棄該論點，重新進行論點設定。

挑戰無法破解的問題毫無意義。

做研究的學者，大可挑戰破解不了的問題。研究未知的領域、挑戰難題，將有助帶動人類的進步。例如，在數學的領域裡，有所謂的「千禧年大獎難題」（Millennium Prize Problems）。這是由美國克雷數學研究所（CMI，Clay Mathematics Institute）所公布的七道數學難題，每破解一題就可獲得獎金一百萬美元。其中，只有「龐加萊猜想」（The Poincaré Conjecture）已經破解，其他也都是難上加難的問題。〔編按：龐加萊（Jules Henri Poincare，一八五四～一九一二），數學家。一九〇四年，他提出猜想：在三度空間裏，任何封閉的、單一連結的流形（manifold），一定和三度空間的球體（sphere）同胚（homeomorphic）。〕

學術上而言，這些都是很重要的問題，但是，職場或商場上，和這類問題搏鬥卻是很糟糕的事情——因為，工作者解決問題並非為了解開難題，而是交出成果。

投入破解不了的論點，造成中途受挫的經營者、半途而廢的企業改革，這類情況可說極為常見。相對於此，誠如前面提到前紐約市長朱利安尼從取締洗車流氓與修補破窗開始著手，進而改善紐約的治安問題——這是從立竿見影、馬上見效的小問題開始著手，最後終能解決大問題的案例。在職場或商場的實務面，應該採取後者的模式，也就是從小問題開始著手。挑戰解決不了的難題，並沒有任何意義。我們管理顧問這一行，非常堅持「問題究竟能不能解決？」這件事情。

捨棄解決機率低的論點

所謂職場與商場上「不能解決的問題」，具體來說，究竟指的是什麼？

比方說，經營資源有限的小企業，打算和業界的龍頭廠商開發相同商品一決高下的情形，就是「不能解決的問題」。比方說，船井電機（FUNAI）貫徹以最低的成本，生產已經邁入成熟期的產品〔編按：產品生命週期（product life-cycle theory）由美國經濟學家雷蒙．弗農（Raymond Vernon）提出，每一種產品均會經過導入期、成長期、成熟期與衰退期。〕，該公司以這一點做為經營手法，可說是非常高明。但是，如果船井電機一心一意想模仿索尼（SONY），開發功能相同的新產品，恐怕船井電機投資研究開發過度，而早就宣告倒閉了吧？

此外，以下的狀況也是類似的情形。比方說，如果有百分之一的好運氣，像是「投入五年也看不見未來的研究開發，不知怎地，今年竟然成功而且拿到專利！」之類的好事，連續出現三次，而且不論是營收或市占率雙雙節節攀升。這種情況的麻煩之處在於，雖然「機率只有百分之一的好運氣連續發生三次」的機率微乎其微，但是，卻又無法斬釘截鐵斷言「絕對不會發生」。

再者，「研發過程順利，並成功開發出產品，在預定期間內推出商品上市銷售，且獲得消費者壓倒性的支持。之後，競爭對手也沒有推出類似商品，因此獨霸市場」，也是屬於這類情況。我們無法百分之百斷言完全沒有這種案例。也許有人會提出反駁，說「iPod不就是這樣嗎？」「Wii不就是最好的例子？」然而，從客觀角度來看，這種情況幾乎不可能發生。

管理顧問這一行，接到的委託中，最感到為難的一種委託是「看來應該不可能實現，不過，請證明給我們看」。

比方說，某家企業的經營者曾委託筆者幫忙評估，歷經一波三折的技術是否真能順利投產？經營者根據他長年經驗，懷疑該技術「可能不堪使用」；但是，專案經理卻主張「研發已進入最後階段，距離成功只差一小步，只要再給我們一點點時間，一定會開發出凌駕競爭對手的劃時代新產品」。經營者沒有足夠的智慧判斷專案經理的主張其實是錯誤的。而且，如果現在喊停，之前為此專案投入的數百億日圓研發費用也會全數化為泡影。經營者也覺得這樣有點可惜，造成無法毅然決定放棄。

透過面訪，專案經理這樣告訴我：

「如果目前投入的技術改良研發能夠投產成功，我們公司將可在市場上建立起壓倒性的優勢。雖說如果要運用這項技術進行量產，還得再追加一百億日圓進行設備投資，可是相較於到目前為止已經投入的數百億日圓，相形之下這一點小錢應該微不足道吧？由於生產良率目前僅達預定的一半，因此，生產成本較原先預定的成本多一倍；但是，只要開始實際投產，良率應會隨經驗的累積而改善提升到當初設定的目標才對。」

聽完專案經理的說明，總覺得哪裡「怪怪的」；可是，如果想要證明他的觀點的確有問題，實際上卻又有困難。

於是，我們決定實際計算這個專案成功的機率究竟有多高。

按照專案經理的說法，如果開發時間在三個月以內，則技術改良獲致成功的機率約五%，如果是半年，成功機率是三〇%，要花一年時間，成功機率才可能達到五〇%。另外，姑且不論投資設備的金額，至少也弄清楚從實際投產之後，能夠提升良率的機率頂多也只有當初計畫預定的八成。

為了計算此技術研發的成功機率，我們運用稱為「蒙地卡羅法」（Monte Carlo Simulation）〔編按：蒙地卡羅法又稱統計模擬法、隨機抽樣法，模擬亂數取樣（Random Sampling）解決數學問題〕。

首先，設定各個要素成功機率的百分比，以及呈現分布的種類，接著，依據這些條件實際輸入電腦進行幾千次、幾萬次的模擬。結果發現，技術開發成功並且轉虧為盈的機率，一萬次當中只有兩百至三百次。由此可知，即使從現在開始再投資一百億日圓，這個事業獲利的機率也只有二至三％。如果考量可能出現數百億日圓虧損等最糟的情況，這個事業平均可期的獲利將是巨大的負數。當然也有可能判斷「只要有二至三％的機會，就值得奮力一搏」等冠冕堂皇的決策。不過，最後這位經營者做出的判斷是：「這並不值得下賭注。雖然遺憾，不過，趁現在及早退出，能把傷害降到最低。所以，現在就喊停吧！」

由於這個專案造成的虧損幾乎快要拖垮該公司，嚴重到攸關存亡的地步，所以，經營者還因為「總算可以做個了結」而對筆者表示感謝。

所謂「乍看之下無法破解的論點」，指的就是類似上述的幾種情況。因此，**我們不能把有限的時間與心力，放在根本解決不了的問題或做不到的事情上**。

其次，則是思考「**若能解決，可以（容易）實行嗎？**」即使已經清楚知道可以解決，也依舊必須考量，「以手上現有的經營資源（人力、物力、資金），可行嗎？」「需要花費多久時間才能解決？」「真的有解決的意願嗎？」「可以貫徹到最後一秒鐘嗎？」

比方說，以美國而言，只要知道砍掉一半員工就可以強化企業體質、增加收益，有很多企業就會實際付諸行動。但是，以日本企業而言，一般經營者很難做出裁員一半的決策，這是不爭的事實。

如果考量實際的可行性，有時從大論點著手，未必會是最佳選擇。解答問題時，有兩種方法，一種是「從最重要的問題開始著手」，另一種是「從可以破解的問題開始切入」。以上述狀況來看，有可能後者會比較能進行順利。這是因為有些案例如果選擇「從最重要的問題開始著手」的方法，可能因為實際執行時曠日費時，或中途碰到阻礙，造成最後無法達成解決論點的目標之故。

第三，則是思考「**若能解決，之後有多大的效益？**」有些案例是即使勞心勞力付諸行動之後，也完全沒有任何效果。如果是這樣的話，根本毫無意義可言。最常見的案例是，自以為正確解題，但是，實行之後卻對整個公司沒有任何幫助，顯然地，只是自我感覺良好罷了。

比方說，由於最近日本針對法令遵循（compliance）議題，不但成立委員會，而且還製作完整的指導手冊，甚至進一步建構監控系統，以嚴格督導企業是否徹底遵守相關規定。如果因為實施這些措施，就能徹底杜絕違法事件與企業醜聞，那當然再好不過；但是，相對於投入的成本，其實成效並不顯著，似乎這才是實情。

判別脈絡好壞的感覺

我們管理顧問會說「脈絡好、脈絡差」。因為這是個很直覺的用語，所以請大家先看一下使用「脈絡好、脈絡差」的情境。

當某公司希望我們幫忙解決某問題時，如果那是個非常困難的問題，或是成功機率就像閉著眼睛穿針引線一般低時，就稱之為「脈絡差」（譯註：意指非常麻煩棘手）。或是，如果某人胸有成竹，認為公司這麼做就能改革，但是，自己不論怎麼看都覺得不對勁，那麼做也改善不了現狀時，就會說他的答案或假說「脈絡差」（譯註：此處意指不合邏輯）。

相反地，如果可以預見「只要解決這個，業績就能改善、提高市占率、社長的煩惱就會消除」的答案或假說，就稱為「脈絡好」（譯註：此處意指切中要點）。如果一位管理顧問不管提出多少次假說，都無法建立正確的假說，而且偏離主題，只是繞著正確的假說在外圍打轉時，有時我們也會說他「脈絡差」（譯註：此處意指沒有掌握重點、不得要領）。

以上每一個都是做出結論前一個階段的「評論」（comment）；因此，雖然有時並非是「脈絡差」的人有錯，但是大多數的時候，是因為針對「脈絡差」的現象耗時費心，進行分析甚至付諸實行，成果卻極為有限。因此，無法判斷「脈絡好壞」的管理顧問終究難成大器，這也是個不爭的事實。

「脈絡好壞」的說法也應用在圍棋，比方說，「局部的」「短期的」「武斷的」「短視的」「臨時的」，這些用語都是圍棋裡稱為「脈絡差」的思考模式。「脈絡差」的人，不管是時間上或距離上，凡事只看「眼前」。相對地，「脈絡好」（譯註：此處意指資質佳、有慧根）的人，思考方式則是「長遠的」「全盤的」「宏觀的」。

選項多寡也是重要因素

接下來，從商業實務的場景進行說明：

某家消費財廠商Ｉ公司對於營收減少深感憂心，一心想設法解決。進行初步調查之後發現，Ｉ公司的產品不但不比競爭對手遜色，甚至還有凌駕其上之處。另外，其製造方法也獨樹一格，預料只要再把產量提高二至三成，生產成本即可大幅降低。

由於競爭對手花費許多心思在產品宣傳上，讓消費者對於這項產品的認知度極高。結果，在鋪貨方面，無論是銷售商品的店鋪數量或陳列商品的貨架空間，競爭對手都遠多過於I公司。推測應該是這個原因，導致I公司和競爭廠商在市占率出現差距。

以這個狀況而言，只要在行銷組合（marketing mix）多費心，調整一下價格策略或宣傳策略、批發和零售店對策，如此一來，不僅可以帶動營收增加，還可望改善獲利——類似這種因應措施，我們就會認為「脈絡好」（譯註：此處意指合理、切中要點）。明顯尚未充分善用自己已擁有的經營資源之外，並留有許多可操作的變數。簡單地說，選項豐富，調整個別選項後，改善幅度似乎很大。

反觀「脈絡差」的例子則如下所述。

J公司也是消費財廠商，同樣為營收下降感到苦惱。但是，J公司是業界第一大廠，擁有五〇％以上的市占率，主力商品的是提供銀髮族使用的產品。

整個業界都出現負成長，特別是J公司擅長的銀髮族客層，平均每人的使用量有逐年減少的趨勢。相對於此，尾隨其後的第二大廠雖然市占率略遜J公司一籌，但在年輕客層市場則具有領先地位。J公司雖然也有品項齊全的年輕客層商品，但是，主打銀髮族客層的印象深植人心，對比競爭對手新穎時尚的設計或命名，J公司的產品無法擄獲年輕消費者的心。J公司對其產品予人的印象進行調查後，得到「爸爸、媽媽的〇〇」的結果。

產品方面，該公司因一向認為銀髮族不喜歡商品大幅變更，因此，傾向於小幅改良。結果造成該公司投入研究開發費用太少，造成產品開發能力遠遠落在競爭對手之後。但是，正因研發費用較低，成為該公司能以低投資獲得高回收的原因之一。

無論是從重新檢視目標市場（target segment），或從既有商品的宣傳策略等行銷組合觀點來看，能夠提出的因應對策都極為有限。即使從產品開發部門所擁有的經營資源觀之，可使的招數也是屈指可數，所以稱為「脈絡差」（譯註：此處意指問題棘手）。除了選項受限之外，即使打出相關對策，超越競爭對手或贏得消費者青睞的可能性也不高，換句話說，改善幅度很小。判別脈絡好壞的一個基準是——選項的數量是多或少？或者，選擇該選項時的成功機率或報酬是高或低？

只要實行就有成效的論點，就是「脈絡好」的論點

脈絡好的論點，必要條件是必須有極高機率似乎可以提出解答的論點。另外，只要實行該解決方案，企業就似可彰顯成效的論點－如果連這點都能符合，就可說是充分條件。

換句話說，可以簡單破解、容易實行，只要付諸實現就能在短時間內顯現極大成效的論點，就是「脈絡好」的論點。相反的，除了難以破解之外，即使破解也難以實行，即使實行也成效不彰，或縱使有成效也不明顯的論點，就是「脈絡差」的論點。

工作有截止期限，工時也有限，卻又必須在種種限制下，篩選問題、選擇問題、解決問題，最後還要做出成效。為了交出成果，選擇問題就非常重要。誠如前紐約市長朱利安尼的案例中，破解問題之後能顯現成效的問題，才是好問題。

面臨「脈絡差」的論點時，必須另起爐灶、重新設定論點。因為，再怎麼出類拔萃的論點，只要無法提出解決方法，對企業而言就毫無意義可言。或是解決後，成效極為

有限，這也完全沒有意義。比方說，縱使解決該問題，得到的營收或利潤也微乎其微；或從組織面或業務面觀察，對於公司的影響微不足道。另外也屬於「脈絡差」的論點還包括——即使執行此方案，公司也不見得會改善，或競爭廠商早已用某種形式執行，假使自家公司現在才開始動手做，根本不會立竿見影的論點。

「判別脈絡好壞」是限縮論點之際的另一個要素。

判別脈絡好壞的判斷基準是，設想**「若該問題解決時，公司事業真的會改善嗎？會對公司帶來多大影響？」**當試著站在這種觀點思考後，往往就會發現，即使鬧得沸沸揚揚，都說是「問題、問題」，但解決後卻毫無影響，其實根本就不是什麼大不了的論點。

例如，像鈴木（Suzuki）汽車這種早已瘦身到極為精簡的企業，縱使力圖更進一步削減採購成本或製造成本，最後展現的成果與付出的努力不成正比，也不可能增加太多獲利。這時，如果朝該方向繼續挖掘探究，就稱為「脈絡差」。

相反地，如果是改革之前的日產汽車（Nissan），在採購零件或物料的方法有不符效率的企業，可透過該部分的改善，就有提高獲利的空間。換句話說，只要對從該部分著手切入，就有極高機率扭轉頹勢進而獲利，這樣一來，這就是有解決價值的問題——

這就是所謂「脈絡好」的論點。

另外，即使經營者認為「問題在於員工士氣低落」，但也有因為整體業界景氣不振，因此對於公司業績、員工士氣造成影響的案例。以這種情況而言，因為是業界結構有問題，所以縱使提升員工士氣，也未必能夠帶動公司獲利提高或公司成長。若是這樣，那麼提振員工士氣就不再是重要的論點。

如前所示的，脈絡的好壞，很多時候是無法從邏輯角度切入就能獲得答案，不過，卻可從經驗中學習。

面臨實際破解後卻得不到答案的情況時，記得要記住「是在哪個環節發現得不到答案」。這麼一來，當下次陷入類似狀況時，就會想「糟糕！也許另有其他真正的論點。」

或者，當別人告訴自己：「即使執行那個方案，效果也很有限」，但是自己卻無法接受時，也可以試著親自做做看。一旦親身驗證的結果發現，果真沒什麼影響，就會因為「親身體驗」而牢牢記住。並且也會記取「下次要更仔細聽他的意見」之類的教訓。

想要一網打盡，最後卻一事無成

換句話說，如果能夠因為累積經驗而變得可快速消去無用的論點，就可以相當輕鬆地找到正確的論點。

面對論點時，必須具備「破解何者就能解決問題、減少問題？」的觀點。因此，論點的限縮極為重要。如果陷入錯誤的問題、破解不了的問題、優先順序在後的問題而不可自拔，將無法創出成果。所以應避免把這類問題設為論點。

管理顧問不會做根本無解的論點設定。

BCG的資深顧問中，也有人公然表示「從時間軸和成果（performance）等雙軸加以考量，以可在短時間內展現最大成效者，做為論點」。

接受委託，進行各種調查後，卻發現沒有解答——若是這樣，對客戶將無法交代。如果我說這個道理不限管理顧問這一行，而是廣泛適用於各行各業，也許有人會覺得我在規避問題，然而，**企業縱使卯盡全力，投入解決無解的問題，也只是浪費經營資源而**

己。**經營資源還是應該用在提得出解答的事情上**。雖說這個道理在管理顧問這一行彰顯得尤其明顯，不過，對所有的職場工作者應該也適用。

以日本的大學入學考試而言，每所學校都有各自的題型，而應從哪一道試題開始答起、應捨棄哪一道試題，就被認為是關鍵。舉例來說，日本最高學府東京大學文科（編按：相當於第一類組）數學考試，一般有四道考題。其中一題的程度設定在只要有認真研讀高中教科書，就解答得出來。另一題程度雖然難了些，不過還是能解題到一半，所以還是可以拿到部分分數。其他兩題則屬於高難度，一般很難破解。所以重點在於該如何運用有限的考試時間。如果把時間花在解答高難度的兩題，導致來不及寫簡單的試題，只能說迷失了論點的方向。何以如此？因為大學入學考試的論點是「要怎麼考上東京大學？」而非「要怎麼解答難題？」

即便在整個準備大學入學考試的過程裡，也應根據自己的強項、弱點，判斷在考前有限的時間裡，應分配多少時間練習數學？多少時間讀國文？多少時間準備英文？決定是否應該放棄準備數學的一半時間，全力衝刺英文一決勝負——工作也是同樣的道理。

應割捨哪個論點、選擇哪個論點？了解該捨棄哪個論點？最糟的做法莫過於，所有的論點都解決到某個程度，但是沒有交出成果。最不可取的做事方式就是，把事情做到七成、八成，然後丟給上司說：「我已經完成到這個程度了，剩下的你看著辦。」

筆者在BCG的前輩島田隆顧問曾跟我說過一句話：「**策略即割捨**」。他說，這句話原本是某位美國大人物說過的話（編按：語出麥可．波特（Michael Porter）：「策略的本質，在於選擇『不做』什麼事情。」（The essence of strategy is choosing what not to do.））。島田隆剛進BCG時，聽到這句話，因為覺得一語道破策略真諦，因此留下深刻印象。對商業領域而言，重要的是，決定「不做的事」（事業領域、商品、做事方式、交易對象、相關研究……等），但是這其實非常困難。

請大家試想急救醫療的現場。當發生大規模的事故或災害時，急救醫療的資源（醫師、藥品、醫療器材等）必定絕對不足。於是就會產生該如何分配有限資源的問題。為了拯救更多人的性命，而必須決定治療的優先順序，一般稱此為「檢傷分類」（triage）。

二〇〇五年四月二十五日，日本發生JR福知山線出軌事件時（編按：發生於兵庫縣尼崎市，一輛七節車廂的火車在轉彎時發生出軌意外，造成一〇七人往生、五六二人受傷的重大交通事故），現場進行檢傷分類——紅標籤表示已經休克、必須立刻急救的傷患；黃標籤表示尚未休克但需儘快提供醫療協助的傷患；黑標籤表示回天乏術、無法救回一命的重傷者。（編按：根據國際檢傷分類還包括綠標籤，表示不需要緊急醫療處置的傷患。）據說，在做相關判斷時，平均一名傷患只有短短三十秒的時間。也就是說，必須瞬間做出平常根本難以想像的嚴苛決定，而對於被貼上黑標籤的傷患，就不再施予任何急救。

職場或商場上的日常實務工作，當然無法和急救醫療的現場相提並論。但是，在「資源有限」這點上，二者卻是共通的——如果這也想做、那也想做，最後將一事無成。因此，限縮論點就成為論點思考不可或缺的步驟。

經驗有助於提高命中率

若要培養大膽推測、判別脈絡好壞的能力，必須累積次數夠多的論點思考磨練。這時，最重要的是不能漫無邊際地參與，必須實際嘗試進行「大膽推測」「看清脈絡好壞」等切入方法，並累積相關的實際經驗。

如果猜測後能使用架構（framework），將可合理說明、建立關連、進行整理。優秀的職場工作者必須如此這般運用頭腦。並非從分析法導出論點，而是要在論點已經浮現到某種程度、能夠進行結構化時，才可使用分析法。一般而言，人們常認為只要套用分析法就可以將論點結構化，但是，這其實大錯特錯。

正確論點的命中率也和後述的「抽屜」（編按：比喻腦中的資料庫）多寡有關。當經驗累積到某個程度時，抽屜自然就會增加，而當抽屜增加時，推測就會變得更準確。

第四章

確認全貌、掌握論點

The BCG Way—The Art of Focusing on the Central Issue

1 進行探查

拋出問題，觀察對方的反應

在管理顧問的實務上設定論點時，有下列幾種模式。

第一種情況是，工作的委託者——客戶端的業主或經營者，已經有很明確的論點，管理顧問在聽取對方提出的論點，思考「真正的論點是什麼？」並探討脈絡的好壞之後，也判斷業主提出了正確的論點。

例如：如果業主或經營者提出「希望管理顧問協助解決業務效率差的問題」，而管理顧問也對這個論點表示贊同，就應把「究竟應該怎麼做，才能改善業務效率？」設為論點，然後逐步進行因數分解成為「是業務人員的素質有問題嗎？還是拜訪量有問題？或是業務流程有問題？」等。

第二種情況是，經營者認為的問題和管理顧問認為的論點有出入。

例如，經營者認為「公司業績不佳的理由在於業務效率差」，相對於此，管理顧問則認為「業績不好是因為產品本身的問題，所以，即使業務人員再怎麼優秀，業績也沒辦法更上一層樓」，這類的情況即屬於第二種。碰到這種情況時，如果不先就意見相左的部分深入溝通，後果將會難以收拾。

在還沒具體釐清問題本質的狀態下，客戶即前來諮詢的案例也不在少數。碰到這種時候，就要透過訪談探究問題。

這當中也不乏經營者在不了解公司問題本質的情況下，前來委託管理顧問協助「讓公司的經營狀態好轉」之情況。打個比方，這就像是餐廳侍者遇到客人說：「給我來點好吃的吧！」之類的點餐要求一樣。

這時候，如果意圖以邏輯的方式展開攻略，會變成怎樣呢？大概會像是這樣吧：就「好吃的食物」分析其定義、或是根據過去一個月的菜單分析出當事人喜好的食物，再送出食用次數最多的肉類料理給當事人。

然而，對這種以邏輯分析導出的答案，恐怕沒人會說「這正是我想吃的」吧？

如果換成是我，我會用下列的方式決定。

我先問：「請問吃壽司嗎？」

如果對方回答：「不是壽司。」

我會再問：「請問要吃天婦羅嗎？」

對方答：「不是天婦羅。」

我會再接再厲提問：「那是麵嗎？」

直到對方回答：「對，就是麵。」

這時，我再端出「麵」給他。

接到像是「給我來點好吃的吧！」這種類型的委託時，就由自己主動拋出問題給對方，協助對方確切掌握自家公司的狀況或自己的想法，以進行論點設定。

在管理顧問的領域裡，有所謂「探查」（probing）一詞。其原意為，用探針進行探測，它是一種透過主動給對方某些刺激，引導出對方的反應，以探求本質的手法。此處所介紹的就是這個「探查」的手法。

建立「論點假說」的三種切入法

在設定論點的過程中，根據對方的想法、視為問題的事物之相關狀況等，建立「也許這就是論點」的假說時，主要有如下三種方法。每一種方法都會活用探查的手法。

①提問，聆聽對方說明
②拋出假設，觀察對方反應
③實地走訪現場

設定論點時，一開始最常做的是——仔細聆聽對方講話。

其方法可大別為二。首先是問問題，打探資訊；其次是拋出自己的假說的論點給對方，觀察其反應——這二者都是屬於「輸入」（input）。

至於二者之中應該側重何者，則因管理顧問而異。我個人擅長的是，直接丟出自己的假說，再逐漸限縮與鎖定論點。人們對他人的言行，都會表現出「某些反應」。也許是喜怒哀樂，也許是無意識的點頭、贊同或反駁，透過觀察這類反應，將可知道假說正確與否。

相對地，仔細聆聽對方講話，再從中抽絲剝繭、逐步設定論點的管理顧問也不在少數。在論點思考中，「提問」其實扮演著非常重要的角色。

最重要的應該是**思考「真正的論點是什麼？」而不是一味盲目地接受他人丟出的問題點（暫定論點）的態度**吧？

恐怕大多數的職場工作者對於主管指派的論點，通常毫無疑問地立刻著手進行解決吧？可能也很少部屬敢問上司：「請問為什麼要做這個？」「請問目的是什麼？」以日本的企業或組織而言，要投入某件事時，本來就不習慣凡事說清楚、講明白，交辦下去的事情從來不需要說明「為什麼這麼做」。如果下屬膽敢向上司提出疑問，上司好像也不當回事，頂多說句：「你少囉唆，趕快動手做就對了！」甚至，提問的部屬還可能被認為沒大沒小。

然而，在接到課題的階段，不論是提出問題或假說，都是非常重要的事情。事實上，有時候上司也是在論點模糊不清的情況下，把工作分配屬下。因此，透過提問或直接丟出假說的方式，釐清上司的論點，讓論點更明確的過程其實很重要。

而在這個過程中，實際可能發生的狀況有以下幾種模式：

①論點明確且可信服：認為問題設定正確。

②論點明確，但卻無法信服：不認為問題設定正確。

③論點模糊不清。

①和②因為都屬於主觀的判斷，所以也有可能發生「以為論點正確，但其實是錯誤的論點」；或「以為論點錯誤，但其實是正確的論點」的情況。另外，也會有雖認為上司提出的論點「並非問題的本質」，但那確實就是論點之類的狀況。

因此，應透過驗證、討論等方式，確切釐清論點，使之明確呈現。這或許很花時間和工夫，但是，應該有助於交出很好的成果。

以③而言，就算把曖昧模糊的論點照單全收並付諸行動，也不會有任何成效。應提出疑問、丟出假說，逐步讓上司想要破解的問題能夠清楚呈現。

反覆提問，才能找對問題

訪談經營者時，應該一邊運用假說思考、一邊推敲何處是適合挖掘論點的方向。在談及商品銷售低迷之際，其有時會提到「東京是還好，但是，其他城市就……」之類的狀況。這時應該靈敏覺察「說不定，那裡就潛藏著論點」。當聽其言及「明明有大量發送試用品，卻無助於提升銷售量」時，就應該敏感察覺「有發送試用品，銷售量卻沒提升，會不會是商品本身的競爭力有問題？」「問題出在重複購買率嗎？」如此這般一一進行推測。理論上應該是全部都要做。但是，如果這麼做將會耗時費力，所以，必須選定「第一刀」應該從哪裡下手。

以下就介紹具體的手法。以前美國有個名為〈二十問〉（*Twenty Questions*）的廣播節目。而ＮＨＫ（日本公共廣播電視機構）也仿效這個節目，製作了一個名為〈二十扇門〉的廣播節目與電視節目。這個節目的規則是，為了猜想回答者心裡所想的答案，發問者提出只能回答「是」或「不是」的問題，再以相關回答為線索，猜出回答者心裡想的答案。

近來，手機遊戲和網站也有相同的企畫。由你先在腦海裡想一個東西。然後再由遊戲機或電腦發問，最後猜出你心裡所想的東西。

像這樣透過反覆提問以逼近問題核心，也是找到論點的方式之一。

例如，針對因為獲利減少而苦惱的經營者，提出下列問題逐步鎖定論點。

Q1：「營收有成長嗎？」

A1：「沒有成長，反倒減少了。」

Q2：「總需求有減少嗎？」

A2：「沒減少。」

Q3：「那是不如競爭對手嗎？」

A3：「對。」

Q4：「為什麼會輸給競爭對手呢？是商品競爭力的問題？價格問題？通路問題？宣傳問題？業務能力的問題嗎？」

A4：「調查結果發現，商品競爭力其實並不比競爭對手遜色。業務人員也很努力，是因為宣傳能力太弱的關係。」

Q5：「為什麼會這麼認為呢？」

A5：「因為打出的廣告，一點衝擊力也沒有。」

由於根據經驗和直覺，總覺得這個問題似乎不是出在廣告，於是轉而提出其他問題。而這裡就出現上一章所介紹的「放棄深掘眼前的論點，另起爐灶想出新的論點」。

Q6：「價格比競爭對手高嗎？」

A6：「不相上下。」

Q7：「銷售通路怎麼樣？」

A7：「我們偏重傳統通路，競爭對手則在便利商店和低價折扣店（discount

store）著力極深」。

一問一答到這個階段，就會浮現如下的假設——這個公司因為來不及因應通路趨勢轉變而造成營收下降，這可能才是業績低迷的主因。也就是說，這才是真正的論點。

當然，也不能完全排除「商品競爭力有問題」的可能，不過，以初期的論點而言，通路似乎比較有可能是真正的問題所在。

當我們要主動拋出論點的假說時，應先敲定論點後，再拋給對方，觀察其反應。然後，一邊觀察其反應，一邊更深入提問，再進行修正，進而抵達真正的論點所在。

另外，也可以採取另一個方法——先把訪談業主或經營者聽來的內容帶回去，然後按自己的方式進行整理後，再一次把自己歸納的論點說給對方聽。如果對於一邊當場進行對談、一邊設定論點的方式比較擅長，則可採取前者的手法，如果對慢工出細活，仔細深入思考比較擅長，則可選擇後者的手法。當要把上司分派下來的工作進行釐清論點時，也一樣可以運用這兩種手法。

出其不意的提問，有助於找對問題

有時從被問的一方來看，必定會有覺得「天外飛來一筆」的發問。這一類發問在你去看醫生時應該曾經遇過。醫生問診時，常提出令人覺得莫名其妙的問題。

例如，當你說「因為發燒，所以想請醫生開點退燒藥」時，醫生卻問你「昨晚吃了什麼？」這時你心裡大概會想「這和發燒根本是不相干的兩回事吧？」

這是因為醫生懷疑你也許不是單純的感冒，而是吃了什麼不新鮮的食物等，正在思考一些外行人想像不到的事情。

比方說，某位資深編輯曾說，當他接到書籍的企畫案時，他會先問「哪個開本（書的尺寸）？」「是直排？還是橫排？」「心中預設的理想定價大約多少錢？」因為不是針對提案者費心說明的內容提問，而是根據書籍規格提問，因此，對方經常不知所措，一臉懷疑的表情。但是，據說編輯只要問清楚這些問題，對整本書能有明確的概念；就會知道是專業書、教科書或一般書籍，進而可以判斷是否要採用該企畫案，或者看到應該改善的地方。

雖然對於被問的一方而言，覺得這樣的提問「出乎意料之外」，但是，對於提問者而言，卻是為了找到論點不可或缺的提問。

到現場實地探查

現場（指第一線、實地）的用途有二，一是做為驗證自己想法的測試，一是做為發現的場所。

管理顧問為了設定論點而實地訪談的對象主要有，業主的員工、業主的顧客、通路、競爭廠商、專家等。

最常見的情況主要有下列三種：

①分公司、營業所、生產前線：訪談業務或物流的負責人員。

②交易對象：其中尤以通路業者最了解不同廠商之間的差異。

③顧客：自認無法從顧客的觀點思考時，就去訪談業主的顧客。

如果對業主公司、業界有一定程度的知識時，常會訪談業主公司的員工。這時，因為總公司的員工所掌握到的問題，程度大多和經營者相去不遠，因此最好訪談分公司或營業所的關鍵人物。如果是自己熟悉的業界，有時不必做公司內部訪談，只要和經營者聊過，就可以設定論點。

如果是初次接觸的業界，首先應從業主的交易對象或顧客之中二選一進行訪談。如果自己並不是很了解該業界，卻在不清楚通路結構等情況下，貿然提出「顧客需求是這樣」「這和目標顧客不符」等看法，也多半沒有說服力、無法贏得業主信賴。

以一般消費財而言，如果自己是顧客，具有顧客和消費者的觀點，很多時候只要訪談通路就足夠。但是，如果碰到的是自己當不了顧客的商品時，為了要了解顧客的觀點，就必須訪談顧客。

比方說，當接到卡車製造商的委託時，必須直接找相關顧客進行訪談。以大部分的消費財為例，因為自己也是消費者之一，所以，可以從消費者的立場進行檢視驗證。但是，以卡車而言，我們卻無從得知貨運業者的社長或卡車司機的需求或不滿，因此，若能前往訪談，經常能有重大發現。

另外，類似卡車這種高價位商品，顧客明顯會從多面向的角度，做出購買的決策。在便利商店購買一百日圓的巧克力和購買要價一千萬日圓以上的全新大卡車，二者的決策方式明顯不同。因此，應該聽取購買者的意見。

有時候，篩選得出的可能論點，如果從想解決相關問題的人的角度以觀，含有新的發現，則論點將會進化。所以，從這個意義而言，把直接訪談業主顧客所得的發現，轉達給業主知道，也極為重要。

除了訪談，也要親赴現場實際感受

在第一線（工作現場）應該做什麼？

大多數人都是聽取第一線人員的說明，汲取論點的靈感，這的確是一個重要的方法。不過，以我為例，我到第一線時，表面上是進行訪談，實際上則在觀察現象，比方說，**「第一線在做什麼？員工是否朝氣蓬勃？與競爭對手相較之下如何？商品是否熱賣到供不應求？」**等。換句話說，一邊訪談，一邊也能掌握第一手資訊。生活中雖然資訊氾濫成災，但是，其實大多數都是第二手資訊。所以，更要堅持取得第一手資訊，並以為依據，向對方拋出「看來似乎是這麼回事」的假說。當場進行驗證，並逐步挑出論點。

親臨第一線（工作最前線）的好處是，可以親身體驗現場的氣氛與感覺。設定論點時，不外乎要以最少的工時，做出最正確的決策。為了避免專案成員陷入無止境的「證明地獄」（也就是針對所有可能的論點，進行細部調查），「親自走上第一線的感覺」將能發揮關鍵作用。如果沒有實地親身體驗第一線的感覺，僅憑聽來的說明或專案成員蒐集到的資料或資訊就想要區別好壞，有時會做出錯誤的判斷。

2 摸清委託者的本意

思考發言的動機、意圖、背景

進行前述探查時，有一個必須同時並進的作業。必須把腦袋分成兩邊，進行下列兩個作業：

①思考對方發言的動機、意圖、背景

②參考「抽屜」

首先，設定論點之際，最應考慮的是，委託你解決問題者的心思。因此，思考發言的動機、意圖、背景，將變得極為重要。

比方說，若是管理顧問，就應正確掌握業主想解決的問題；若是一般的職場工作者，就應正確理解上司想怎樣處理這個問題、為什麼所苦惱、為什麼要指派自己做這件事……等等。

事實上，這並非什麼特別的事。我們在日常生活中，就在做這樣的事。

舉例來說，當我們接到並不是那麼熟的人寄來搬家通知，通知上寫著「如果您到附近時，務必來我家坐坐」時，應該很少有人會信以為真，並且真的心血來潮突然前去造訪。

我們當然都會認為這是社交辭令，或即使要前去造訪，也會覺得必須事先和對方聯絡後再前往。或者至少也會先考慮好如果突然造訪，對方有何反應後，再付諸行動。

這既是日常生活所需的智慧，也是常識。

然而，在商業實務上，確實有因為把對方講的話照單全收、付諸行動，結果造成失敗，或者因為有話直說而招致反感的情形。

例如，管理顧問對進行諮詢時，業主公司的社長說「請務必詳實調查，如果我有做得不好的地方，請不要客氣，盡量提出來。」如果因為這樣就信以為真，毫不客氣地一股腦兒提出自己的建議，恐怕當場惹惱社長。的確有老實地列出一長串經營者的缺失，而當場觸怒對方的新手管理顧問，這是因為沒有清楚掌握社長的論點。

當我還是個初出茅廬的菜鳥顧問時，曾有過以下經驗。

某公司委託我們擬定成長策略。當時我們對自己的提案信心滿滿。進行最後一次簡報時，對方社長對我們說「原來如此，報告得非常詳細，我充分了解。」並在簡報結束後，設宴款待我們。

但是，社長卻在席上這麼說：「今天非常謝謝你們，為我們公司提出這麼好的方案。不過，在我有生之年，我不會採取這個策略。」

這個反應真的是讓我們跌破眼鏡。我們提案的內容是「僅憑單打獨鬥，今後將不可能成長。唯有透過合作或購併的方式，才能讓貴公司成長。」如果僅就所有的分析資料，這個提案並沒有錯誤。

然而，我們明顯誤解了社長的論點。我們以為，以這位社長的行事作風，應會依循邏輯接受策略提案並付諸實行，沒想到他根本毫無這種打算。雖然立論正確、計算無誤、分析精準。但是，問題癥結在於，那並非他想破解的問題。

有時，客戶會隱藏真正的需求，必須聽懂別有所指的弦外之音。

例如，當獨資公司的經營者說「希望建構一個未來二十年到三十年，都可以持續經營、屹立不搖的組織」時，其背後的意思可能是「我想讓我兒子繼承事業，你們可以幫我完成接班嗎？」因為不想公開明說「下任社長並不是要提拔優秀的人才接任，而是要讓我兒子接手」，所以，才用拐彎抹角的方式含蓄表達。如果解讀錯誤，提出雖可鞏固經營基礎，卻暴露出社長兒子能力不足而被排除在接班名單之外的解決方案，根本不會贏得社長認同。

憑直覺，聽懂對方的「弦外之音」

比方說，假設有兩位部長，他們都有相同目的，希望讓部門更好。其中，一位部長並不在乎自己能否功成名就，純粹只是出於為了讓公司更好的心情，而期望讓部門比現在更好。這時候的論點就是「組織的活化」，這和部長的目的一致。

另一位部長的動機則是希望自己步步高昇、有朝一日成為公司董事，而想要讓部門提升業績、變得更好。這時候的論點就是「提高自己部門的業績」。說得直白一些，這位部長想要平步青雲、飛黃騰達，這就是論點。雖然身為這種主管的部屬，實在很難讓人心甘情願為他們效勞，但是，筆者還是期盼當各位讀者的主管丟問題給你時，理解「主管的論點究竟是什麼？」是一件很重要的事情。

雖然上述兩位部長下達相同的指示，隱含在背後的動機與意義卻截然不同。設定論點之際，應該要深入思考到這個地步。論點之所以因人而異，並不單只是因為工作的目標不同而已，也常是來自於交付指令者身處的狀況、環境，或者對方的動機、想法與感受因人而異之故。

另外，如果經營者覺得一定要讓公司起死回生，即使犧牲自己也在所不惜時，其下定決心的方式必然截然不同。相對的，有時候也可能只是作勢演戲、虛晃一招而已。因為經營者的心情或破釜沈舟程度的不同，研擬能下多大猛藥等相關提案的內容，也會隨之而異。有些經營者覺得「不想因為削減成本等手段，惹來員工抱怨」；但是，也有經營者只要自己能成功，什麼事情都做得出來。也有一些情況是，愈是成功但失去愈多，因而處境更為險惡。那些為了敗部復活而戰的人，則是背水一戰，什麼事都做得到。

工作也應該和日常生活一樣，必須時時刻刻思考對方發言的動機、目的與背景究竟是什麼？有一點是可以肯定的，那就是，工作也和日常生活一樣，最好都要珍惜自己的「直覺」。有很多職場工作者都有先入為主的觀念，認為工作上的事情一定要縝密地走過邏輯思考的分析步驟。然而，其實，有些時候也可以重視自己的直覺，之後再就此進行邏輯分析，或思考該怎麼做才能驗證自己的直覺。

易地而處，站在對方的觀點思考

為了撰寫本書，我訪談十位BCG的資深顧問，調查他們如何設定論點。我發現，大部分的資深顧問為了導出論點，都很重視與委託業主之間的面訪談話。而談話的同時，他們也會讓思緒深入對方的心思、發言的動機與目的上。某位資深顧問並表示「雖然論點不計其數，不過最終還是操之在對方。所以**應該思考客戶想要什麼、不想要什**

麼，進而逐步設定論點。」

換句話說，**面訪談話最基本的心理準備，是以對方的思考模式進行思考。**

BCG有這麼一句話：「**把自己的腳放進對方的鞋子裡（Put yourself in his shoes.）」，意思是易地而處，站在對方的觀點思考。**

所謂論點，指的是對方的論點，並不是我們自己的論點。重要的是，怎麼做對方才能滿意地接受。某位BCG的資深顧問這麼說：「**以第一人稱思考，也就是說，把自己當成是這個公司的社長，然後思考究竟會怎麼做。**」捨棄旁觀者（第三者）的觀點，站在對方的立場思考，藉由這個方式將能找到對方既滿意又能接受的論點。

對職場工作者而言，重要的事情莫過於高層上司或直屬主管心裡究竟想要破解什麼樣的問題？基本上，不論是管理高層或基層員工，只要是上班族，總是會隨時掛念著自己的前途、名聲或業績等。因此，不妨試想如果自己身處上司的立場，會思考哪些事情？會做什麼事情？而不是當個耍嘴皮子的評論家，說些「我們公司一無是處」「搞不懂上司的想法」之類的話。

當問題近在眼前時，人們總會思考「這個問題對我來說重不重要？」「自己究竟想不想做？」再進一步思考自己是否有辦法解決。

然而，實在不應該這樣做，必須易地而處，站在對方的立場思考才對。

讓對方感到既興奮又期待的提案

以我為例，當我是管理顧問時，向客戶建議問題解決方案（撰寫提案書時）最重視的事情，是論點和切入方式如何讓對方感到「興奮、期待」。

也許在問題解決上，用「興奮、期待」之類的字眼，會被斥責為太輕浮、不夠慎重，但是，我希望大家能了解，我指的意思是提案對於業主具有吸引力。

舉例而言，如果客戶覺得「這種程度的提案，我們公司內部自己就會，何必找你們來解決？」「其他管理顧問公司的提案也大同小異。」這表示該提案恐怕無法獲得客戶採納吧？因此，重要的是，提案必須凌駕在這種「誰都能做」的平庸程度之上，讓客戶認為「感覺很有趣！那麼，就用這個提案試試看！」「如果能這麼起勁地幫忙我們，也許能找出解決方案！」

另外，問題愈嚴重，我們必須愈冷靜。打個比方，重症患者恐怕不想把自己的生命，託付給一位比自己更沮喪的醫師手中吧？

「興奮、期待」之所以必要，是因為問題解決方案的執行者是「人」的緣故，並不是以機械解決問題；所以，如果沒有給人一種「想做做看！」「想試一試！」「也許會有點辛苦，但是很想加油看看！」的感覺，將很難湧現幹勁。能讓人充滿鬥志與士氣的解決方案，將容易付諸實行、容易取得成功、容易獲得共鳴——這是我的經驗與主張。

不過，再怎麼讓人感到「興奮、期待」，只要大論點設定錯誤，就會造成得不償失的結果。「興奮、期待」的基礎，還是在於設定正確的論點，對該論點提出的新穎創新的看法。唯有具備這個基礎，客戶才會覺得動心，驚呼「原來如此！如果從這個角度看問題，就覺得好像可以破解！」「沒想到還有這種方法！」

3 參照抽屜，善用腦子裡的隱形資料庫

抽屜，改變聆聽的角度

用像是把腦袋分成兩邊的感覺，同步進行的另一個作業是，參照自己的「抽屜」。所謂「抽屜」，指的是腦袋裡面的虛擬資料庫，原本是為了讓對方對自己留下印象、說服對方而存放的「談話頭」，也就是會話中使用的話題。筆者的腦袋裡面有二十格抽屜。這二十格抽屜中又各自放著二十種題材。為了方便想起，每種題材上面又都各自貼著獨特的索引。

例如，二十格抽屜的標題中包含「領導力」（leadership）、「典範移轉」（paradigm

shift）、「商業模式」（business model）等。說穿了，這些全都是自己關心的議題。然後，每一個議題又有二十個左右的案例放在抽屜裡的檔案夾——這就是「題材」。

比方說，在「領導力」的抽屜裡面，就貼上諸如「船長的嘴唇」❶「歐夫特教練的牛」❷等看似會引人興趣的標題。「典範移轉」也一樣，裡面有貼著「海底的百威啤酒（Budweiser）」❸或「山頂的豬」❹等標籤的題材。

編按：

❶「船長的嘴唇」比喻現任領導者培養接班人時，必須學著閉上嘴巴，有耐心等候對方自行摸索，從錯誤之中學習寶貴的經驗。

故事：一位船長為了訓練接班的新任船長，因此讓對方開船出海航行，自己則隨行共乘。為了培養對方獨當一面的能力，因此，即使眼看著船隻即將被風浪吞噬，無論航程中發生任何事情，船長都不能代為駕駛或耳提面命，話到嘴邊都要想辦法忍住，緊抿嘴唇到滲血的程度。

❷「歐夫特教練的牛」比喻領導者必須具備先見之明。

故事：曾任日本國家足球隊教練的漢斯．歐夫特（Hans Ooft），在《日本足球的挑戰》（原書名『日本サッカーの挑戰』，講談社出版）一書中提到，身為領導者必須具備「先見之明」。如果對面有一群牛迎面走來，身為領導者，必須具備只憑著牛臉長相就能推測出牛尾形狀的先見之明。其實，先見之明並非靠直覺，而是長期觀察牛臉長相與牛尾形狀，並且累積驗證與歸納因果關係的努力。

❸「海底的百威啤酒」比喻刻板印象往往取代人們眼前所看到的真相。

故事：有一位潛入海平面以下五十公尺的潛水者，發現有一罐百威啤酒而大為驚喜。在陸地上，該品牌的鋁罐是紅白兩色，但是，海平面之下五十公尺的地方，由於光線折射關係，因此，照理來說潛水者應該無法看到紅色。所以，潛水者以刻板印象（將陸地上看見的紅色），取代在深海五十公尺明明無法看到的紅色。

❹「山頂的豬」比喻人們往往被典範（paradigm）設限，無法接受改變、突破觀念。

故事：一位開車上山兜風的男士，在山頂上坡的山路上，遇到一名女士開車蛇行下坡、橫衝直撞迎面而來，眼看著二部車即將對撞，女士對著男士大叫：「豬！」男士也不甘示弱地回敬一句：「醜八怪！」其實，這位女士是好心提醒男士，等會兒一轉彎，就會看到一隻豬，提醒他小心不要撞到誤闖車道的豬。但是，男士受制於舊有典範，以為對方罵自己是豬而無法聽進忠告。這則故事出自喬耶爾・巴克（Joel Arthur Barker）的著作《典範：發現未來的商業》（暫譯，原書名 *Paradigms: The Business of Discovering the Future*）。

所謂「把腦袋分成兩邊」指的是一邊仔細聆聽對方談話，一邊在自己的腦海中搜尋過去經驗、類似案例或似曾相識的感覺等。這時候，為了方便回想起過去的累積，我使用的是「二十格抽屜法」。

有時候為業主解決問題時，不論在同一個業界或跨業界總會遇到相同情形或議題。因此，可將累積得來的相關經驗或在相同議題挑戰過的案例，甚至迥異於商業領域的其他領域的所見所聞，也都能做為靈感來源。

因此，對於職場工作者而言，把各種經驗累積在屬於自己的「抽屜」裡，就變得非常重要。如果一邊參照自己的抽屜，一邊聆聽對方的談話，聆聽對方談話的角度將會有所改變。

每個人當然都能擁有各自建立抽屜或開啟抽屜的方法，重點是，平日就要刻意完整建構，需要時就能拿出來活用——只不過，這些抽屜是放在腦袋裡。

以下列舉幾種活用抽屜的方法。

①類推（Analogy）（類似案例）、其他公司的案例

以在同業或異業解決相同議題的經驗、在同一議題上挑戰過的前例為師。另外，有時也可以從和商業領域截然不同的其他領域的見聞中，汲取到靈感。

例如，通訊業界因為技術革新的結果而發生巨變，呈現迥異於以往的面貌。而在此之前也因為政策鬆綁，帶動新興電話公司NCC（當時的DDI、日本Telcom）應運而生，從而導致當時日本電信業龍頭NTT業績大受影響。當時，NTT雖然一片嘩然，認為發生該公司有史以來的第一次革命，然而事實上，以往航空業界也曾發生相同情形。只不過因為隔行如隔山，他們不知道類似案例罷了。

具體而言，航空業界也曾和電信業界一樣，面臨法規鬆綁的改變，使得有多家航空公司投入同一航線，國外的低價航空公司也搶進美日兩國的高價位黃金路線開始瓜分旅客。既然如此，透過借鏡航空業界法規鬆綁、開放天空之後的影響，將可預測電信業界開放競爭之後會發生什麼效應。例如，可以學習到當多家航空公司大舉搶進黃金路線時，價格有什麼變化等案例。甚至，也能參考相關企業採取的因應措施。

②用顧客的角度看事物

以自己身為一介平民、同時也是一位消費者的感覺設定論點。比方說，展開銷售之前，自己就先「徹底化身」為使用者，試著勾勒「使用者是什麼樣的人？在哪裡？為什麼購買自家公司的商品？」因此，必須採取行動走到第一線（陳列自家商品的賣場），體驗具體的事實並細心觀察，而不是只坐在辦公室或書房動腦而已。

比方說，實際前往使用醫療藥品的現場之後，才會知道在第一線使用該藥品的護士們，為了避免把形狀相似的藥品給錯病患，而特地用簽字筆在包裝上寫著病患的名字。由此可知，在醫療第一線的現場，藥物的療效固然重要，但是，制訂防止醫療過失或投藥錯誤的相關對策，其實才是當務之急的論點。

是否能夠具備顧客觀點，其實和「抽屜」裡案例多寡有關——這是因為有時候我們並不能徹底化身為所有顧客。

以我為例，雖然我能以男性、學者與管理顧問的角度觀察事物，但是，我畢竟不是高中女生，也不是家庭主婦，因此無法具備從她們角度出發的觀點。但是，因為我參與過許多以高中女生或家庭主婦為面談對象的專案，所以透過搜尋抽屜內保存面談得出的過往案例，也能具備原本自己不可能擁有的顧客觀點。

③以鳥眼、蟲眼進行思考

經營者或總公司的員工大多從制高點的宏觀角度（相當於翱翔於天空中鳥兒往地面

俯瞰的高度）觀察事業經營，因而忽略第一線（製造或銷售商品的現場）的眼光（相當於在地面爬行的小蟲角度）。千萬不能忽略現場人員「是用什麼心情在工作？與顧客接觸時發生什麼事情？」也應避免不斷地畫大餅。

以前筆者曾在推動廠商的業務改造計畫時，為了說明計畫主旨而首先前去拜會第一線（分店）。那個時候，我們察覺到分店員工看我們的眼光好像不大友善，所以當時覺得論點設定可能有誤。也就是說，原本出發點很好，想要幫助第一線的業務改造計畫，反而成為只會增加第一線負擔的絆腳石。因此二話不說，我們立刻調整，改從第一線角度出發的觀點，重新擬定業務改造計畫。

相對地，身處第一線的人員往往被每天的日常工作，或是眼前十萬火急的麻煩事（蟲的眼光）追得焦頭爛額，經常不知不覺忘記要從公司整體的觀點或市場整體的角度（鳥的眼光）看事情。因此，其實第一線人員也有必要後退一步，從稍遠的距離重新審視自己的日常工作。

訪談時，如果對象是經營者或總公司的員工，就有必要考量「這是否站在『鳥的眼光』發言？」如果對象是第一線的員工，就有必要思考「這是否基於『蟲的眼光』發言？」

④借鏡過去的經驗

這是個人所累積的經驗。筆者在第一章提到，曾覺得日本的ＩＴ廠商Ｄ公司所設定的「全球企業贏家中，哪家是最佳合作對象？」論點的方向不對，而這也是出自經驗判斷。

另外，還有一個筆者的親身經歷是「認為企業雖然會在較弱的地方露出症狀（病徵），但是，其實真正的原因（病灶）卻多半是在別的地方」。腸胃不好的人如果因為胃痛就立刻妄下決定，認為是腸胃的疾病，會很危險。這也是因為當身體某個部位有毛病時，往往容易發生腸胃症狀。比方說，壓力過大容易引起胃痛等心理狀態引發身體疾病就是最好的例子。公司也一樣。如果銷售部門太弱，銷售就會出現症狀（病徵）；然而，事實上，多數時候論點（病灶）並非在銷售部門，而是在其他部門。

曾有企業因其業務部門體質贏弱，導致不管技術部門推出什麼產品，營收都無法提升，為此，該公司前來委託我們，務必對其業務部門開刀，嚴加整頓。然而，經過仔細調查後卻發現，真正的原因其實在於，該企業的技術部門實力堅強，因此自我感覺良好，對於產品開發過程非常放任，從來不曾仔細調查消費者需求，僅憑該部門好惡就擅自研發製造各種新商品。

【案例】增加奧運金牌的方法

那麼，就請讀者實際一面參考「抽屜」，一面進行思考吧！

接著，以第二章提及「究竟該怎麼做才能讓日本在奧運裡得到更多面金牌？」的論點為例，說明該如何參照「抽屜」。

①根據類推（類似案例）或其他公司案例進行思考時

所謂類推（Analogy）就是把相似的案例套用在眼前面臨的情況。例如：把贏得奧運金牌當成是唱片公司推出暢銷百萬張的CD，接著進行思考。暢銷百萬張的CD，並非唱片公司想要就有的好成績。固然促銷宣傳與努力打歌是不可或缺的成功要素，但是，好的銷售成績往往只是純屬偶然。

實際的情況應該是，發售許多ＣＤ作品，只是碰巧其中的一張大賣百萬張，如此而已吧？

因此，與其把所有心血都放在一位選手身上，全力栽培以能奪得奧運金牌，不如考慮培養多位實力有達到贏得奧運金牌水準、入選金牌水準的選手。如果這個等級的選手人數為目前的十倍，那麼若是其他國家最看好的明星選手恰逢低潮或發生意外，剛好和日本選手在正式比賽時，意外發揮了實力之上的潛力等因素重疊，則或許拿到的金牌數目就會增加。

或是如採取「借鏡其他公司案例」的模式，就可調查最近奧運金牌數量大增的英國，看看他們的做法。然後再調查同樣的方法是否適用在日本。

②用顧客的角度看事物

站在樣本群，亦即目標對象的立場思考。站在想參加奧運拿到金牌的人，其誘因為何？抱持什麼樣的心態？

比方說，如果成為像是北島康介（編按：曾獲二〇〇八年北京奧運一百公尺與二百公尺蛙式游泳項目金牌，有「日本蛙王」之稱）這樣的明星級運動選手，以及成為像是SMAP（編按：由中居正廣、木村拓哉、稻垣吾郎、草彅剛與香取慎吾組成的日本偶像團體）這樣的超級偶像具有同等價值，則可考慮擬定類似這樣的方案——如果贏得奧運金牌，將可獲得和超級偶像相同的待遇。但是，如果想成為運動員的人和希望成為超級偶像的人心態不同，則還是必須擬定不同的方案。

③用鳥的眼光、蟲的眼光進行思考時

思考「怎麼做才能增加奧運個別競賽項目的金牌數？」屬於「蟲的眼光」；然而，思考「怎麼做才能讓我國的奧運總金牌數增加？」則是「鳥的眼光」。二者的解決方案自是大不相同。

如果要增加個別競賽項目的金牌數，思考「在游泳、柔道等日本擅長的運動項目，各有何種強化方法？」——這就是「蟲的眼光」。

相對地，如果以「鳥的眼光」思考，則是「放眼奧運所有比賽項目，從參賽選手

少、矚目度低、積極投入的國家少等角度評估，找出容易贏得金牌的比賽項目，再針對該項目進行重點加強。」以這個方法爭奪奧運金牌，應該會比加強田徑或游泳等熱門競賽來得簡單吧？

4 將論點結構化

整理篩選的論點

當論點逐一浮現時，應該做什麼？如果我說要加以整理或結構化，讀者當中，也許有人就會認為，這下子總算輪到邏輯思考（logical thinking，以符合邏輯的方式思考事物）上場了吧？比方說，把論點分成大論點、中論點、小論點，再依序整理於「議題樹」（issue tree）；把所有論點以彼此獨立、互無遺漏的MECE原則（發音為me-see，Mutually Exclusive Collectively Exhaustive）整理；依照「因為A所以B」「因為B所以C」「因為C所以D」的順序，逐一推演的邏輯流程（logic flow）等。

然而，我幾乎不用這些方法。為了慎重起見，我訪談許多位BCG資深顧問所得到的結果，也沒有人使用這些方法。

或有資深顧問會在論點明確後，為了驗證或避免遺漏而使用前述邏輯思考法，但是，卻沒有顧問會依循前述手法的架構，逐步進行拆解問題、發現問題的工作。這也就是「書本上寫的方法」和「實際執行的方法」二者之間最大的差異。

這些資深顧問採取的方法是，把論點寫在紙上，進一步整理並著手建立結構。他們會先把關鍵字並排寫下，看看是否能當成論點。只不過，這些方法並非眾所皆知的議題樹（邏輯樹）或MECE原則罷了。

說穿了，其實每個人使用獨自的方法進行。重要的是，找到自己的模式。有的是用書寫的方法，有的則是採用討論的方式。

以我而言，我的做法是，把出於直覺的論點直接拋給對方（客戶或同事），再逐步逼近核心，所以很少用到紙張。不過，即便如此，每當碰到瓶頸時，我還是會用個人電腦的編輯功能（原始的文書處理），試著整理論點。

有位資深管理顧問採用如下單純的方法——首先，以條列式的方式，把想到的可能的論點全部寫在筆記本上（long list，入圍名單）。然後再進行分組（grouping），逐步鎖定可能的論點（short list，決選名單）（詳見【圖表4-1】）。

另一位資深顧問則是把視為論點的事項一一寫下來並且攤在桌上檢視。然後，再以直線連結其中的相關項目。這樣做，可以讓論點的相關性、因果關係或重要性更為明朗。並在思考的問題上面，標示大、中、小，思考其順序或關係。比方說，問題A和問題B相互連結，問題A和問題a處於上下關係。以E和F而言，如果選擇E，是否F就無法成立或可能漏掉等（詳見【圖表4-2】）。

思考位於上層概念的論點

將論點進行結構化時，也可以採取以下的方法——以某個論點為起點，思考位於該論點上層的論點，如此一來，能讓與該論點並列的論點浮現（詳見【圖表4-3】）。以【圖表4-3】為例，可以看出論點A位於論點a的上一層，找到論點A也能可以抓出與論點a處於同一層的論點b與論點c。

圖表4-1　由入圍名單到決選名單

- 市占率逐漸減少，獲利減少
- 生產成本高
- 商品競爭力位居下風，造成營收無法提升
- 商品和客戶需求不符
- 每一樣商品的平均營收都很低
- 競爭對手針對客戶需求進行商品研發
- 價格雖高，但商品品質有良好口碑
- 雖然既有客戶忠誠度高，但新客戶並沒有增加
- 新開發的商品大多銷路普通，而且銷售狀況無法持久

○獲利減少的最大原因，在於主力商品營收低迷，而不是生產成本的問題

○只是安穩守著口碑好的既有商品，不知居安思危

○競爭企業以其高超的商品開發能力，逐步侵蝕年輕客層的市占率

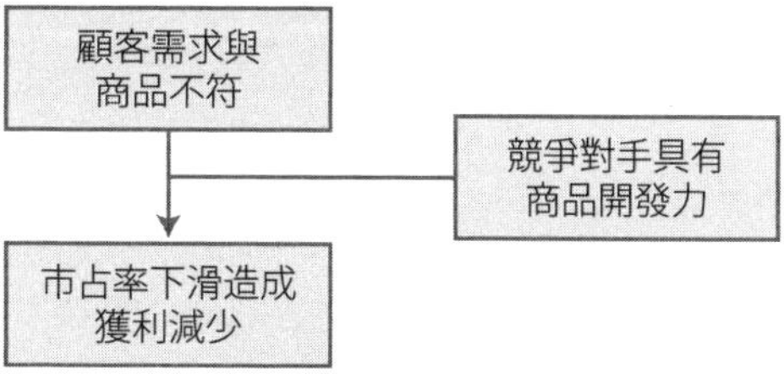

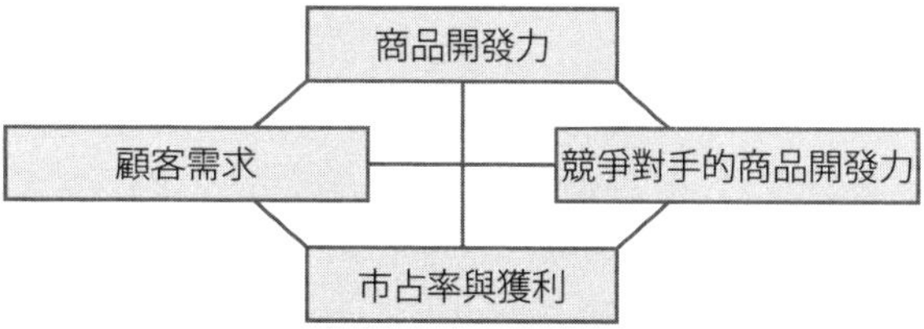

圖表4-2　論點連連看

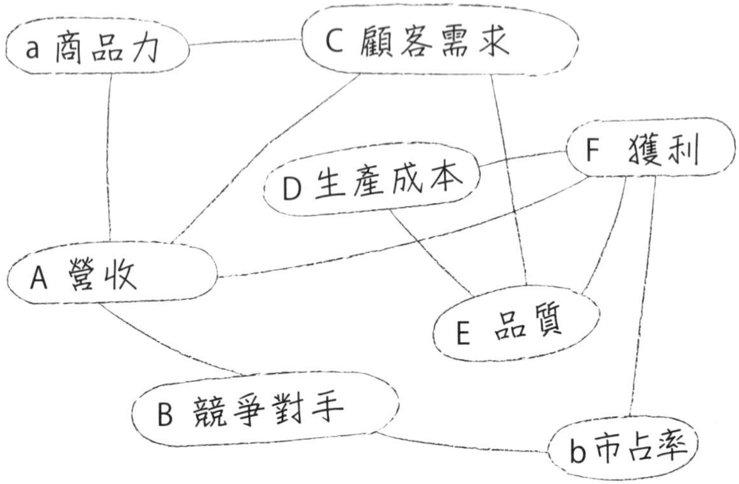

比方說，上司指派你思考「如何開拓新客戶？」的策略。這時，一般職場工作者思考的是構成「論點a：開拓新客戶」的下一層論點x、y、z。然而，稱職的職場工作者此時思考應該是「論點a：開拓新客戶」更上層的論點A究竟是什麼，像是「為什麼需要開拓新客戶？」之類的論點。

如果上司為了增加營收而希望開拓新客戶，則論點b或c應該就會出現「開發新產品」或「深耕既有客戶」等論點並列的局面。而在經過就與這些論點並排的論點進行比較、討論後，再提出「開拓新客戶」的建議，上司應該會比較滿意。

圖表4-3　思考更上層的論點

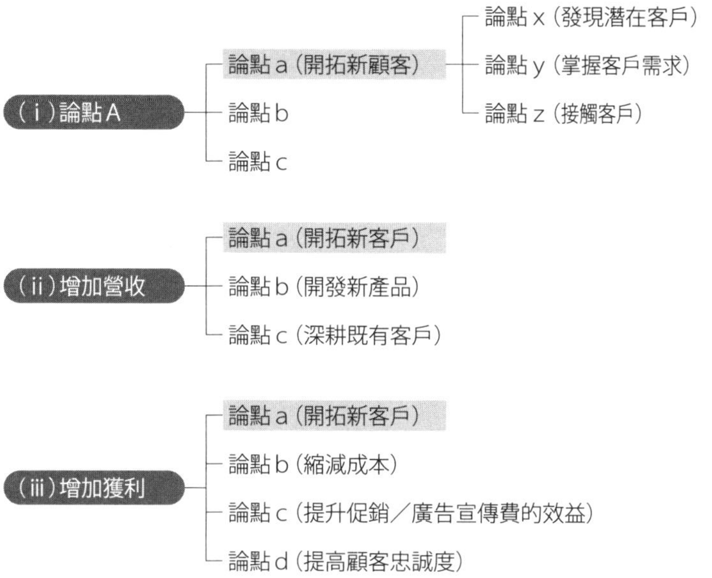

相對的，如果上司的目的不在於提升營收，而是打算開拓新客戶，做為彌補業績低迷導致的獲利減少之手段，則與「論點a：開拓新客戶」相提並論的應是，「論點b：縮減成本」「論點c：提升促銷／廣告宣傳費的效益」「論點d：提高顧客忠誠度」等。

我希望各位讀者能記住一件事情，那就是並非把焦點放在上司指派的論點a，以及位於論點a下層的論點x、y、z，而是思考論點a更上層的論點A，事實上，透過這樣的方式，論點a的破解方法也會隨之而異。

將所有論點都整理在筆記本並且攤開檢視時，就可一邊看著整理的內容、一邊在腦海中進行模擬。事實上，有的管理顧問會事先在自己的腦海中，一一模擬和顧客之間的對話，像是「如果把自己假設的論點直接拋給對方，對方會有什麼反應？如果實際採取行動，狀況會有什麼變化？」等。

也就是說，在自己的心裡設定咄咄逼人、追根究柢的「逼問者」角色，以及扮演回答各種難題的「答覆者」角色，自己進行模擬演練。這位顧問稱此種方式為「自問自答」（就像一人分飾兩角的獨角戲），這是個相當聰明的方法。

結構化也需要推測

進行結構化之際，前述的「推測」也極為重要。例如，當有一個「是否應開始投入○○事業」的大論點時，如果只以邏輯整理論點，將會變成如下所述的情況（詳見【圖表4-4】）。

圖表4-4　利用議題樹進行論點結構化的具體案例

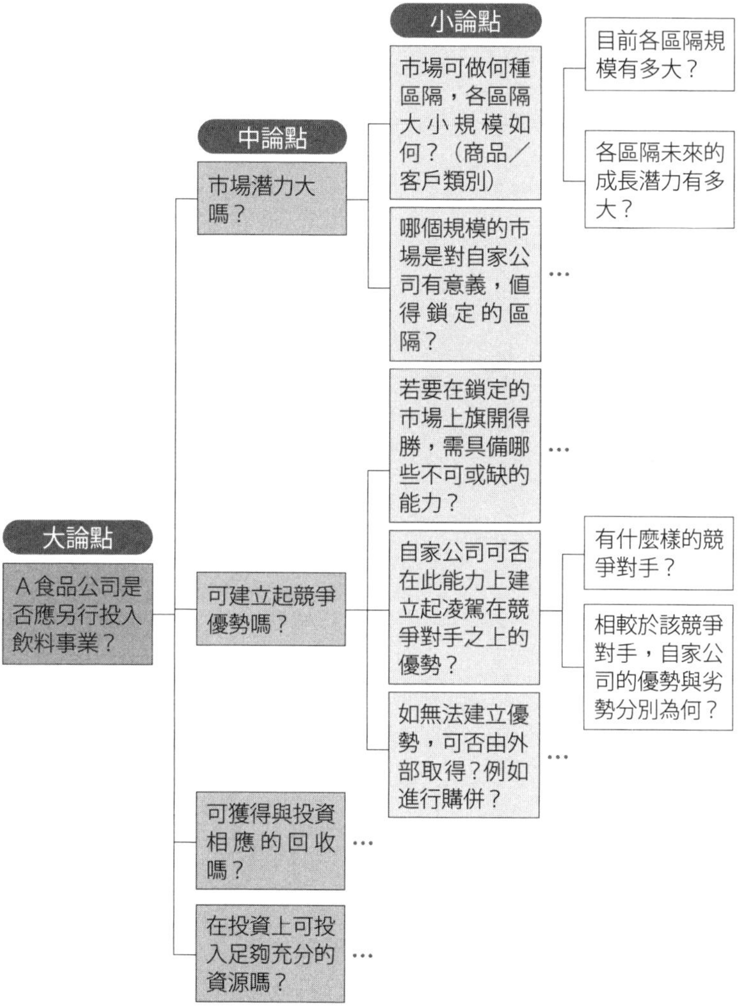

出處：杉田浩章〈BCG式 問題解決所需之工作設計法〉（暫譯，原作為〈BCG流　問題解決のための仕事設計法〉，《Think!》第一期，2002年春季號，東洋經濟新報社出版

首先，必須就包括「市場潛力夠大嗎？」「能否建立競爭優勢？」「可獲得與投資相應的回收嗎？」「是能否投資足夠的資源？」等中論點，進行研議。

其次，必須一方面確保這些中論點的整合性，一方面思考構成個別論點的要素。例如，可以把「市場潛力」更進一步因數分解，成為「市場可做何種區隔？各區隔大小如何？」「哪個規模的市場對自家公司有意義且值得鎖定的區隔？」等兩個小論點。

如此這般依序按照議題樹，逐步把論點往下細分為更下層的論點。

但是，如果依照這種方法進行的話，論點將會愈分愈細。結果反而模糊何者才是重要的論點，或亟欲對所有論點提出解答卻走進死胡同。像這樣子，因為資源分散到許多問題，導致最後無法解決問題的案例也不在少數。

相對於這種方法，篩選出優先順序排列在前的論點，像是「這可能才是應投入的問題」「只要能解決這個問題，其他犧牲應該也無所謂」，就是所謂「推測」的思考方法。

例如運用假說思考，做出以下的論點設定——想要成功發展此一事業，「競爭優勢」可能就是問題。

敲定論點之後，如果更進一步深入探討論點就會發現，同樣都是「競爭優勢」，相較於技術面的優勢，其實對於使用者「究竟好不好用」才是重要的論點；或者價格便宜與否等單純的經濟原理，才是唯一最大的論點……等。

另外，有時像是「因為其他公司開發了劃時代的產品」或「因為出現了強大的新進業者」等，因外部因素導致自家公司以往建立的競爭優勢喪失等事實，也會浮現，成為論點。總之，要像這樣鎖定焦點後，再深入一一挖掘論點。

這時候，有的顧問會把議題樹當成檢核表，檢驗自己敲定的論點究竟有沒有問題或漏洞。比方說，經過探討「市場風險」「競爭風險」等要素之後再做推測，認為問題的本質在於「獲利性」。此舉若與完全沒有注意到其他要素，就妄下決定，認為就是「獲利性」的問題，二者出錯的危險程度必定截然不同。

有時也會考量效果，從中小論點開始著手實行

雖然整理妥大論點、中論點、小論點之後，最終還是要解決大論點，不過，在實行方法上，有時會做出「與其從大論點著手，不如先從中論點著手，效果會比較好」等判斷。

即使治療病患時，有時也會因為無法立刻著手治療病灶所在部位，而從其他部位開始治療。例如，假設有一位患者的病徵是腹痛、無法進食。經過仔細檢查之後發現病患的肝臟有問題。因此，有時會做出如下的判斷——因為肝臟開刀算是大手術，因此，先進行控制腹痛的治療以讓病患能夠進食，並且利用這段期間讓病患培養足以負荷動大手術的體力等。

同樣的方法，也可適用於商業領域。比方說，某公司業績不佳，雖然不管是業務、生產或研發部門，看似都有各自的問題，但是經過調查之後發現，最大的問題，也就是大論點其實在於生產部門。

這時，並非立刻從大論點著手。雖然明知最大的問題在於生產部門，但是如果從生產部門著手進行改善，可能造成消耗公司的體力，甚至可能在改善途中，公司撐不住而倒閉。因此，經常會從可以立竿見影的業務部門開始著手，等到現金流量獲得改善之後，再大刀闊斧進行改革。

筆者曾訪談將瀕臨廢校邊緣的女校成功重建的品川女子學院校長漆紫穗子。雖然知道改革學校時，改變校舍或設備等硬體，比較能有立竿見影的效果；但是，這麼做不但花錢也花時間，於是，先從可以立刻付諸行動的軟體層面開始進行改革。比方說，改變老師們的授課方式，以激發學生的學習意願，並且取得家長的協助，點燃老師的教學熱情。她從這些軟體層面著手，陸續進行改革，成功地讓學校起死回生。當然，該校校舍現在也已變得氣派堂皇。

假設某汽車廠商產品品質發生問題，消費者對該公司產品失去信賴。這時，即使召回品質有瑕疵的產品，進行市場回收，也未必能根本解決問題。按理說，確保往後推出的新產品不再發生品質瑕疵問題，才是根本的問題解決之道；但是，即使推出品質好的新商品，如果沒有經過幾年使用，誰也無法評斷該品質是否真的夠好。因為想要重新獲得消費者的信賴，並非一蹴可幾。

相對地，立刻緊急回收瑕疵產品的舉動，卻能傳遞給消費者以下的訊息：「汽車廠商已經改頭換面、有別以往，開始投入新的行動。」而這樣的做法的好處是能帶給消費者與以往不同的全新觀感。

像這樣思考「著手解決的未必是大論點的問題時，對於大論點可能產生什麼影響？」也極為重要。

製作蟲蛀樹

如同前述，我們不會完整列出議題樹之後再設定論點。不過，偶爾會為了設定論點而利用議題樹。

所謂結構化論點，在理論上指的是「為了解答大論點，而把『應挖掘的方向和單位數量』進行因數分解，成為中論點、小論點，再逐一整理成為樹狀結構」。換句話說，建立假說再進行驗證與反證的程序，透過橫向的因數分解和縱向的上下關係構造定義全貌。然後，再將完成的樹，區分成為模組（module），逐一破解。

實務上，其實很少能畫出完整漂亮的議題樹。當設定論點的情況是比較單純的案例時，會以大論點為起點，呈放射狀往外擴展為中論點、小論點。而這種完美的案例極為罕見。因此，不必太拘泥於一定要畫出結構完美的議題樹。

大部分的案例都是幾個像是論點的事項，在無法判斷其為大論點、中論點或小論點的情況下，各自凌亂地分別浮現。

這時，看起來A也許就是大論點。可是，不管怎麼看，其和B都無法連結。這類狀況很常見。也許有個可以將二者串連起來的C，但卻不知道C是什麼。碰到這種情況時，可以把這個「或許有什麼」的部分直接空出來（詳見**【圖表4-5】**）。

也就是說，即使畫出來的是一棵「蟲蛀樹」，也就是不完美的議題樹也無妨。有幾個看得到的論點，彼此之間以實線連接著。

透過假說或訪談等方式，已想出A、B、C，但卻不知道其各自的相關性。然而，再更進一步思索後，論點X或D浮現，同時也逐漸了解論點A和B的關連性。「蟲蛀樹」將會像這樣一步步慢慢完成。**有時一開始雖然顯得凌亂分散，但是，最後會整理成為完整漂亮的樹狀構造。而這種完整漂亮的構造完全是最後所呈現的結果，並不需要一開始就亟欲描繪出完美的樹狀圖。**

切記！論點具有層次的差異

假設為了重建業績低迷的航空公司K，如果最初浮現的論點是「縮減負債」和「提

圖表4-5 蟲蛀樹——不完美卻很實際

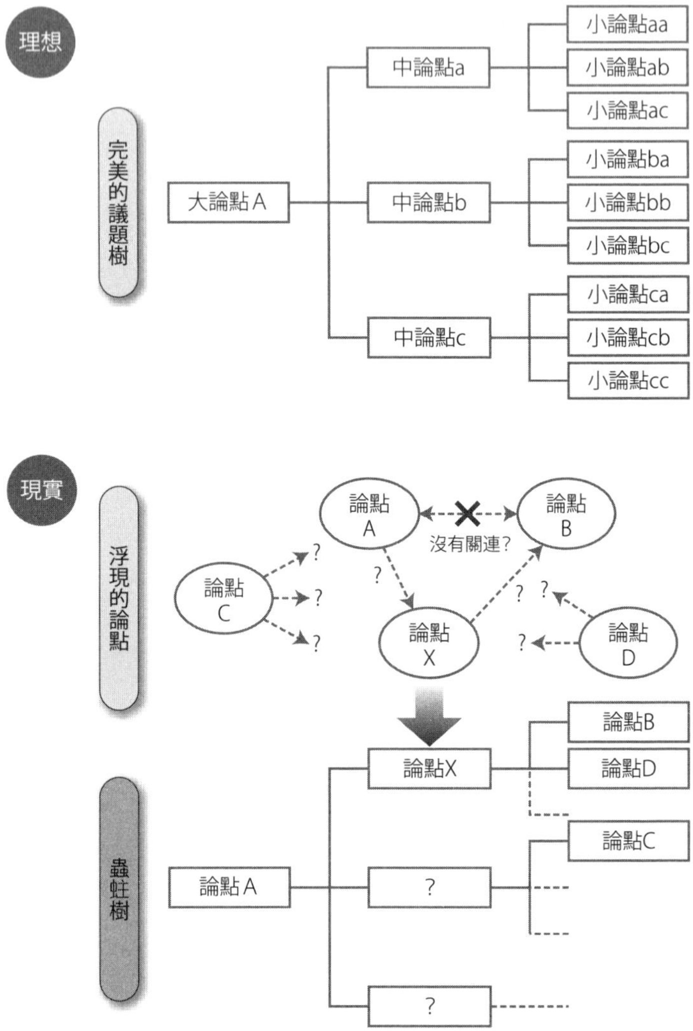

升業務能力」，則這兩個論點並沒有直接的連結。這時，就要思考「也許是因為二者的層次不同」，或者懷疑是否還有更上層的論點。

以這個案例而言，縮減負債的上層論點可能是改善財務體質，而這個論點有時也會和「提升業務能力」是同一層次的論點。或是「提升業務能力」可能也會有個「改善現金流量」的上層論點。這時候，除了「提升業務能力」這個增加收入、改善現金流量的論點之外，在相同的層次上，將會浮現出降低成本、縮減費用，以增加獲利也就是「現金流量」層次的其他論點（詳見**【圖表4-6】**）。

類似這種論點層次不同的情況極為常見。比方說，當認為「為了重建K公司，是否應賣掉虧損部門」是論點時，卻發現了「如果不力圖提升業務能力，增加營收，K公司將會瀕臨倒閉」等要素。乍看之下，「賣掉虧損部門」和「提升業務能力」二者似無關連。類似這種層次不同的論點逐一浮現時，可先暫時擺放在「蟲蛀樹」上（詳見**【圖表4-7】**）。

然後，慢慢就會發現有財務方面的問題。而如果在這樣的前提下，一邊觀察論點的全貌，並發現改善財務體質是公司重建這個大論點所需的絕對條件時，「改善財務體質」

圖表4-6　探索兩個論點之間的關係

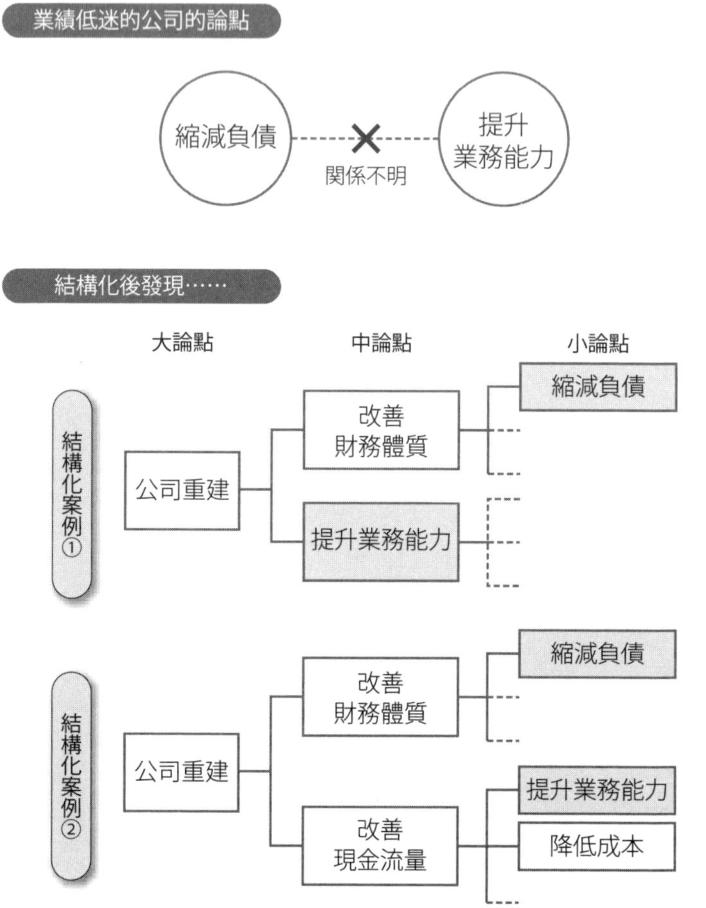

・有些案例是，兩個論點的層次不同，或是，在大論點之前有串連兩者的上層論點等。

圖表4-7　蟲蛀樹的案例

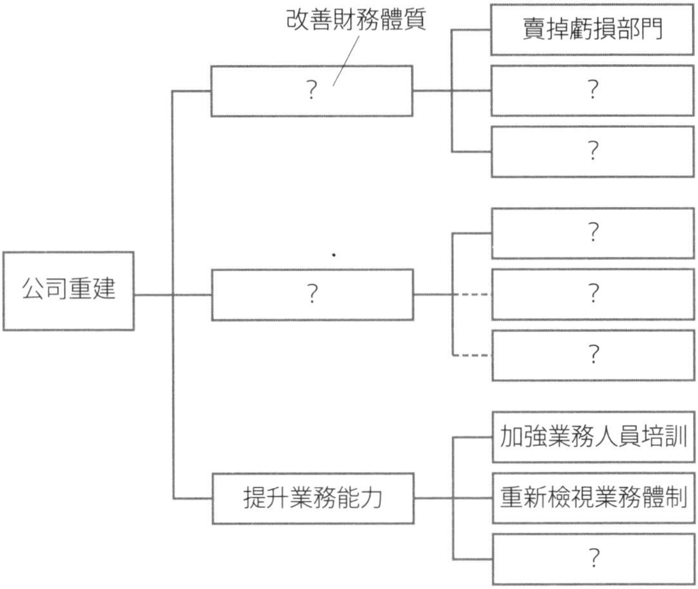

即成為中論點。但是，就實際的解決方案而言，則會做出「考量公司的實力，首先應加強業務能力、增加現金流量」等判斷。

再來看看其他案例，如果客戶前來諮詢時說：「計算今後三年的現金流量後，發現公司負債將會超過資產，公司將有倒閉之虞，希望管理顧問能為我們想想辦法。」表示客戶有察覺到現在應著手解決的大論點。如果同一客戶前來諮詢時說：「近來，營收一直停滯不前，結算出現虧損。希望顧問幫我們想一想辦法，重整可能有問題的業務部門」，則表示客戶並未注意到大論點，而以為問題的本質在於中論點，也就是「提升業務能力」上。

碰到這種情形時，應如前所述一邊提問、一邊按照下列方式構成含有中論點在內的大論點，像是「即使解決業務部門的問題，恐怕也解決不了財務的問題」「財務的問題是大論點，但因不是一朝一夕就能解決，所以首先應賣掉資產，確保資金可以周轉，其次再重整業務部門，最後再處理財務問題」等。

有時候，解決大論點之際，如果沒有連中論點或小論點也一起解開，並無法立刻解決得了大論點。

以前述航空公司K公司為例，若想改善該公司的經營狀況，需要從雙管齊下——其一是改善業務或市場行銷以增加收入，其二是改善財務體質。如果只進行改善財務的單一對策，就會變成把部門單獨賣出以換取現金。但是，如果只改善業務，一旦資金週轉不靈，公司就會陷入倒閉危機。所以，必須進行整體而全面的判斷。

掌握全貌、從眼前工作著手

經營者大概都知道什麼是大論點，但是，前來委託管理顧問解決問題或指派一般職場工作者做事的人員（雖然有時是經營者，不過，有時也會是部門主管、直屬上司或跨部門人員），卻未必各個都是經營者。由事業部長、經營企畫部長等人提出委託的情形也不在少數。如此一來，就常會有他們的論點和經營者的論點，二者之間發生意見相左的情況。

筆者曾在前面提到論點因人而異，除此之外，論點也會因立場而異。

以管理顧問公司的專案為例，大論點通常由資深的管理顧問提出，然後再由承接大論點的管理顧問（專案經理層級）與部屬共同對大論點提出回應。所以每天在管理顧問的對話內容裡面出現的「論點」，固然也有到目前為止所說明的大論點，但大部分都是把大論點進行因數分解時出現的中論點、小論點。

一般職場工作者也會接到上司「希望你能解決業務體制的問題」（大論點）等指

示，而投入專案計畫的推動。然後，經過調查後發現，有些地區，業務人員雖少，卻有獲利；有些地區則不然。於是，接下來，便會思考其中的差異究竟是什麼。這也是論點。這是解決大論點所需的小論點。這就和企業的中階管理階層極為相似。

接到的論點可能是中論點，也許是小論點。有時，也會將這些中論點或小論點，誤認為大論點（也就是說，以為問題就只有這個而已，其實不然）。最好能研判該論點之上，其實還有中論點或大論點等更上層的論點，並從整體結構中，解決自己要解決的問題，如此一來，也有助於自我成長。

因此，日常工作時，應該隨時抱著意識到「究竟什麼是大論點？」的態度。不論職位高低，若能隨時抱著這樣的態度，企業將可持續成長。至於究竟要鎖定何者做為自己實際著手解決的論點，則另當別論。

各位讀者不妨思考這些問題：「什麼是自己非解決不可的問題？」「現在要對什麼問題提出解答？」「自己是為了什麼目的、解決什麼問題？」「自己是為了要針對什麼問題做出定論而投入自己的時間？」「如何為公司帶來貢獻？」

「工作」和「作業」是兩回事。日常工作時，難免會有變成「作業員」的風險。雖然坊間充斥著各種工作術的教戰書籍，像是電腦軟體的達人、蒐集資訊的達人、檢索情報的達人等不斷增加，但是，這些技術充其量也不過只是手段罷了。因為有「某個目的」，人們才會使用該手段；但是，**如果錯把「手段當成目的」，那可就大事不妙了**。

日常工作中確實掌握事物全貌，看清自己要做的工作就是「這個」，是一件很重要的事情。

找到論點後建立結構

各位讀者是否已經發現一件事情？那就是前述的問題設定方法，和坊間流傳的方法完全相反？

一般介紹的方法論都是，先把課題結構化，以掌握全貌為最優先事項。其次再釐清個別課題的因果關係，思考各個問題的解決方法。

而ＢＣＧ式切入方式則是**先從推測「這可能就是問題」開始，其次，再針對此訪談經營者、實地走訪第一線（現場），或與自己過去經驗累積的資料庫（抽屜）相互對**

照、進行驗證。最後，為求謹慎起見，再從整體全貌確認有無錯誤——這就是論點思考的精髓。

第五章

透過個案掌握論點思考的流程

The BCG Way—The Art of Focusing on the Central Issue

【案例】

你接到上司指示：「原料費不斷在上漲。希望你能解決成本的問題」。

首先，從掌握現象開始

本章將搭配案例，和各位讀者一起以論點思考的方式找對問題、解決問題。流程大致如下：

一開始先有現象（請注意，「現象」並非「問題」，「現象」也不等於「論點」）。由此開始建立假說、挑出論點。其次，思考建立的論點之假說是否正確。

另外，如果論點是屬於無法破解的論點，或即使破解也無法見效的論點，就以刪除該論點或調降優先順序等方式，以期能限縮論點，驗證與整理論點再進行結構化。

【問題】

你是糖果餅乾製造商經營企畫部的員工。你的上司指派你擬定經營策略。他說「近來原料費不斷上漲，公司今年度可能會出現虧損。你設法解決這個成本問題」。那麼，你要怎麼切入呢？

問題背景詳述如下：

近年來，貴公司營收與獲利雙雙減少。貴公司擅長的商品領域是目標客層從幼兒到小學生的零嘴、糖果、牛奶糖等點心食品，主打長銷商品類的銷售策略。

調查整體糖果餅乾界之後發現業績不是原地踏步，就是些微衰退。從一九九七年到二〇〇六年的九年中，總產量減少四・五％、總產值減少五・一％。推究其原因在於糖果餅乾的市場已趨成熟，加上消費者追求健康，不再吃太多甜食、零嘴，以及少子化造成兒童人口減少等。雖然如此，但是並非所有廠商的業績都出現負成長，也有廠商的業績成長。

另一方面，競爭廠商眾多，高達數百家。在市場不斷萎縮的情況下，競爭日趨白熱化。

而且，隨著麵粉、可可豆、石油等原物料價格飆漲，原料與製造費用等成本也隨之提高。

雖然貴公司不斷進行新商品的研發，但是，只要新商品暢銷，立刻就會有其他廠商模仿跟進推出相同商品，造成貴公司很難創出長銷商品，或受到眾人推薦的必買商品。雖說這是成熟業界的共通現象，但是，透過商品研發進行商品差異化也日益困難。

另一方面，便利商店雖是糖果餅乾重要的行銷通路，但是一般而言，想要讓商品在便利商店上架，通常表示「貴公司必須打電視廣告」，便利商店才願意陳列銷售。商品能不能暢銷都還是未知數，卻因為非打電視廣告不可，所以行銷成本耗費龐大。

除此之外，食品安全成為當前的議題。原料來源、生產履歷、食品工廠的品質管理等也都成為問題。當然，本土廠商還得面對進口商品的威脅。

另一方面，零嘴點心領域也興起注重健康的潮流，比方說，取得「特定保健用食品」許可（編按：為了達成特定保持健康的目的而於日常生活中食用或飲用的食品，類似臺灣的健康食品），產品包裝上標示「不易蛀牙」「讓牙齒更堅固健康」的口香糖，在日本蔚為流行。此外，善用廣為人知的巧克力內含的可可多酚（Cacao polyphenol）具有降低動脈硬化作用、預防代謝症候群（編按：指二十歲以上的成人出現肥胖、血壓高、血糖高、血脂高的現象）功效，以四十歲以上男性為目標客層，打出健康功能的巧克力商品，以及訴求高濃度可可原料比例，具有紓壓與補給能量效果的巧克力商品，推出之後大受歡迎。

雖然，一般人都以為上述的內容是「問題」，但是，這不過是「現象」而已，你必須從「問題的本質是什麼？」的角度觀察現象。

大膽推測

首先，建立如下假說：「成本上漲或競爭白熱化，其實，並非真正的論點。」原因在於雖然貴公司獲利下降，但是，放眼糖果餅乾業界，還是有些廠商的獲利並沒有降低。競爭白熱化或原料上漲等因素，並非對於所有糖果餅乾業的食品商造成全面的影響。

貴公司的論點，也許並不是業界共通原因所造成的問題，而是貴公司獨有的問題。可能的論點之一是，目標市場（**target segment**，自家公司鎖定為主要消費者的客層）的問題。目前由於少子化影響，造成兒童人數日漸減少，而貴公司的商品組合裡，設定的主力商品是客層為幼兒到小學生的糖果點心。商品組合和市場出現不一致的情形。換句話說，無法滿足商品處於成長期的健康導向成人市場，商品也不符合形成主力市場的中學生、高中生、大學生、粉領族等族群的需求。

此外，貴公司的策略比較重視長銷型的商品。這樣的策略在兒童人口增加、維持現狀時，縱使世代交替也仍可維持銷售量。不過，當兒童人口愈來愈少時，貴公司商品的支持者也會隨之減少。如果商品屬於那種受到兒童消費者熱情支持，但是成人消費者卻根本不買的品項，那麼，當兒童人數減半時，縱使該商品仍獲得同樣的支持，營收也還是會減半。

如果一定要把主力放在長銷型的商品上，至少也要設法讓該商品能夠因應目標客層的年紀逐漸增長，或針對不斷成長的市場開發長銷型商品。

對貴公司而言，相較於成本上漲或競爭激烈，類似上述問題才是大的論點。

另一個可能的論點是貴公司商品的構成比例，主要品項包括糖果、牛奶糖、巧克力、口香糖、餅乾、米菓（編按：以米為原料製成的餅乾，類似仙貝、米香）、休閒食品等領域，如果在各領域都有能拿下些許的市占率，各品項都需要花費成本或市場行銷費用。相較於此，擅長某個領域，會比較容易有所獲利。

此外，如果對於市場持續萎縮的品項，仍然以堅守不退的態度，將會導致業績惡化。明顯地，糖果與牛奶糖是市場不斷萎縮的品項。雖然貴公司在此品項市占率排名第一，但是，在一個日漸萎縮的市場拿下第一那又如何？營收、獲利總有其極限。

眼看著業績蒸蒸日上的同業，主要的成長動力來自於訴求健康的休閒食品市場，但是，貴公司卻仍在觀望、遲遲沒有投入。

雖然整個零食點心業界面臨嚴峻挑戰是不爭的事實，但是，貴公司之所以不如人，是因為策略有問題。於是，你發現貴公司的商品組合跟不上市場變化，就是大論點所在。降低原料費用的成本，以及減少生產製程、供應鏈管理（SCM，Supply Chain Management）的成本，或許是一時的強心劑，卻不是的解決問題的治本之道——你必須這樣一步步建立論點的假說。

透過訪談，輸入相關情報與資訊

其次，訪談經營者或幹部，以提出問題或拋出暫定論點，觀察對方的反應。

第一次訪談時，可以試著問他們：「您認為是什麼因素，造成業績低迷？」當經營者回答：「原因在於成本上漲，或者業界競爭激烈。」時，往往在這個階段就會停止思考。

但是，以貴公司所屬業界而言，在同樣的條件下，還是有同業廠商賺錢。既然如此，你也可以試著問：「請問為什麼同業的其他公司都有獲利，但是，我們公司卻沒有？」也就是說，透過發問的方式，把經營者的成見一一擊破。

整個糖果餅乾業目前出現下列的現象，包括：日本市場邁入成熟期、競爭日益激烈、原物料和製造成本上漲、廣告和市場行銷成本增加、消費者更注重食品安全、消費者仰賴舊品牌等。

放眼同業其他競爭對手，是否所有廠商都出現虧損？其實不然。另外，經仔細調查獲利下降的同業廠商之後發現，L公司是因為原物料和製造成本上漲而獲利下降；但是，M公司則是因為與嚴格控管食品安全的相關成本增加而造成獲利減少。這麼一來，同業各家廠商的業績惡化，原因有可能是因為這類因素交織所引起。如此一來就會知道，經營者原本認為是論點所在的問題，其實並非發生在所有同業廠商身上。

如果經營者漏掉這個因素，就可以思考，也許問題就是出在這裡。

然後，可以接著再問一些潛藏的可能要素，例如：「請問可能的原因之中，您認為哪一個是最重要的原因？」「相較於其他公司，貴公司的強項、弱點是什麼？」等問題，最後問出「什麼是貴公司有，但同業其他公司沒有的問題？」

也可以試著直接拋出前述的假說，詢問經營者或管理階層：「會不會是商品組合不符目標客層需求？」

除此之外，另一個可能是，消費者需求的變化。大人開始吃少油低鹽、訴求健康的點心零食，排斥既油又鹹的休閒食品。

另外則是「類別組合」（portfolio）的不同。這點會因企業而有極大差異。汽車廠商就是最典型的例子。例如，當消費者傾向購買休旅車（RV，Recreational Vehicle）

時，暢銷的車款是三菱汽車（Mitsubishi Motors）帕傑羅（Pajero）。當箱型車（Wagon）引發熱潮時，富士重工（FHI，Fuji Heavy Industries Ltd.）旗下的速霸陸汽車（Subaru）箱型車力獅（Legacy）則大為暢銷。由於企業的產品組合各自不同，導致個別企業和業界平均成長率有所落差，其實是司空見慣的事情。

進行訪談的訣竅是，切莫把對方傾吐的苦惱或問題點原封不動、全盤接受，就直接當成論點。因為，很多時候他們可能誤把「現象」解釋為「問題」。或是很多時候他們也會以自己的成見，從眾多的論點當中選擇論點，請各位讀者務必要非常小心這一點。

除了訪談之外，另一個方法是，實際前往第一線（現場）觀察。例如，前往超市或便利商店裡，觀察陳列糖果餅乾的賣場，有時訪談通路大盤商，也會了解問題所在。

對照抽屜——借鏡類似案例

同時，你也應該試著想想看，其他業界是否也曾經歷類似狀況？

比方說，汽車業界也有目標客層發生變化的情況。自從二〇〇八年發生金融海嘯以後，原本產品線（產品組合）並無小型車（編按：車身長四．七公尺以內、寬一．七公尺以內、高二公尺以內，同時引擎排氣量二〇〇〇cc以下的四輪車）或輕型車（編按：亦稱K-car，車身長三．四公尺以內、寬一．四八公尺以內、高二公尺以內，同時引擎排氣量六六〇cc以下的四輪車）的廠商，由於無法因應消費者的需求變化而陷入苦鬥。

在美國市場，本田汽車（Honda Motors）的營收之所以沒有豐田汽車（Toyota Motors）下滑得那麼嚴重，是因為本田對大型車的依賴程度較低。如果知道這個案例，當聽聞糖果餅乾食品廠商面臨的狀況時，應該會從腦海中的「抽屜」裡，跳出「目標市場產生變化」這個關鍵字吧？

因為成本上漲、競爭劇烈、兒童人數減少，是發生在整個糖果餅乾業界，因此，如果只有貴公司單純因為這些原因造成業績下滑，那就顯得很奇怪。如果真的是業界整體結構的問題，那麼，業績下滑的問題應該也會一樣發生在同業的其他公司才對。如果同業沒有發生業績下滑的情形，這些應該就不是本質的問題。

若從少子化的觀點來看其他業界，文具廠商應該也會面臨類似的課題才對。隨著辦公用、學童用、國中生／高中生或粉領族等客層不同，各種文具的目標市場也大相逕庭、文具用途也不一樣。當然，如此一來，某種文具在某個場所（通路）賣得好的結果也會有很大的差異。以文具的產品組合為例，有一枝要價數十萬日圓的鋼筆，也有一個只要數十日圓的橡皮擦。因此，其實問題並不是「因為兒童人數減少，造成文具銷售下滑」那麼單純。由此可知、同理可證，並非兒童人數減少，就等於糖果餅乾的業績差。

透過結構化確認論點

把前此建立的假說、取得的「輸入」（input）等，整理在筆記本上。接著，動手區分該問題是業界整體發生的問題？還是貴公司個別的問題？進行思考。

【上司交給你的論點】

- 如何解決成本的問題？

【可能的論點一覽表】

	業界整體的問題	論點
市場成熟化	○	×
競爭日趨激烈	○	×
原料費、製造費上漲	○	×
研發新商品也無法形成差異化	○	×
廣告、行銷成本增加	○	×
食品安全	○	×
進口商品的威脅	○	×
對舊品牌的依賴	×	○
消費者需求的變化	○	○
商品類別的定位	×	◎

由於整體業界的問題並非這個狀況的論點，所以排除在外。如此一來，浮現出來的

圖表5-1　PPM分析（BCG矩陣）

是「對舊品牌的依賴」「消費者需求的變化」「商品類別的定位」，這三項即成為論點。而這些論點相互重疊，導出大論點可能是「商品類別的定位」的結論。

接著再更進一步用產品組合管理（PPM，Product Portfolio Management）分析自家公司投入的產品或事業（詳見【圖表5-1】）。PPM是BCG開發的架構，用來分析產品組合。PPM採用橫軸和縱軸，以縱軸為市場成長率、橫軸為相對市占率，形成矩陣，再將事業分類為四個象限。

處於市占率低、市場成長率低這個類別的商品是「敗犬」（Dogs）；屬於市占率高、市場成長率低類別的商品是「金牛」（Cash Cows）；屬於市占率低、市場成長率高類別的商品是「問題兒童」（Question Marks）；處於市占率高、市場成長率高類別的商品是「明星」（Stars）。

自家公司產品如果全是「敗犬」，自是不行，但如果全部都處於「明星」類別，也很危險。因為要燒錢，所以可能成為「問題兒童」。最理想的產品組合模式應是，有賺錢主力的「金牛」，有幾個「問題兒童」，再將其中的一個或二個培育成為「明星」。

以貴公司而言，主打兒童市場的點心零食產品是「金牛」，糖果、牛奶糖則是「敗犬」。

另一方面，主打成人市場或訴求健康等成長市場的產品，貴公司要不是沒有，就是因為商品力太弱，導致幾乎可說沒有「問題兒童」或「明星」級的產品。

透過此論點的結構化，將可讓「商品組合不符合市場變化是大論點」的假說，獲得驗證。

不能永遠一輩子當個作業員

由於處理的問題不同，參照的「抽屜」大異其趣。比方說，庫存問題、品質管理問題、資訊系統、物流成本、企業組織應有的樣貌等，應視不同的問題，打開看似與該問題有關的「抽屜」。

我的「抽屜」裡擺放著各式各樣的內容，例如：

- 3C分析：從顧客（Customer）、競爭者（Competitor）與公司（Company）角度，檢視行銷的策略。
- 波特五力模型（Porter's Five Forces）：由哈佛商學院（HBS，Harvard Business School）教授麥可．波特（Michael E. Porter）在一九七九年提出的競爭理論。主張供應商的議價能力（The bargaining power of suppliers）、客戶（或購買者）的議價能力（The bargaining power of customers [buyers]）、市場新競爭者的威脅（The threat of the entry of new competitors）、替代品（或替代服務）的威脅

（The threat of substitute products or services）、現有競爭者的競爭能力（The intensity of competitive rivalry）五種力量的不同組合變化，最終影響利潤的變化。

- 麥可・波特的三個基本競爭策略（Generic Competitive Strategies）：差異化（Differentiation）、集中（Focus）、成本領導（Overall cost leadership）
- 價值鏈分析（Value Chain Analyze）
- 產品組合管理（PPM）分析〔編按：由BCG創辦人布魯斯・韓德森（Bruce Henderson）提出，亦稱BCG矩陣（BCG Matrix）〕
- 產品生命週期（Product Life Cycle）
- 埃弗雷特・羅吉斯（Everett M. Rogers）的創意普及理論（Diffusion of Innovations）
- 菲利普・科特勒（Philip Kotler）的競爭地位策略（Kotler's Competitive Positions）
- 伊戈爾・安索夫（H. Igor Ansoff）的成長矩陣〔Product-Market Growth Matrix，亦稱為安索夫矩陣（Ansoff Matrix）〕

除此之外，還有各式各樣的管理理論與經營方法。

但是，我不會每一次都把這些內容一次全部拿出來應用。

當需要證明類似本案例中，現有的產品組合有問題時，PPM就適合。但是，以價值鏈分析或波特的五力模型分析競爭要素、業界結構……等，卻沒有任何意義。

然而，如果閱讀策略相關書籍，就會發現往往書中會把這類分析手法全部拿來跑一遍。這是網羅性（想要一網打盡）的思考方式，最後很有可能根本無法解決問題。

當我實際操作時，我不會拆解（breakdown）到這個程度，而會憑著直覺選取論點。在無意識的情況下，刪除那些耗時費力卻沒有必要的分析手法。這大概是我透過長年從事管理顧問工作的經驗，在不知不覺中養成的思考方式吧？如果還是個經驗尚淺的工作者，應該什麼方法都試著做做看，以累積經驗。即使想要累積經驗，如果一開始就能先從推測著手，再從做中錯、錯中學，將可加快經驗累積的腳步——請各位讀者務必把這點謹記在心。

當到達可以自己做決策的職位時，就會知道論點的所在。但是，即使還是個職位很低的基層工作者，只要一步步做出決策，自己會漸漸養成「我想不是那樣，而是這樣」

的判斷能力。能夠判斷，意味著背後有論點，所以才進行判斷。

其實，我也曾經是個不折不扣的「作業員」——當時的我，一直對著電腦螢幕猛敲鍵盤想要蒐集資料。雖然，我是基於對自己的過去所做的反省，而不厭其煩向各位讀者強調「絕對不可以一輩子當一位『作業員』」；不過，也正因為曾經有這個「作業員」的過程，我才學會設定論點的思考法。

我懷疑那些不曾埋首進行蒐集資料的「作業員」、基本功不夠扎實的人，是否能做出合理正確的判斷？因此我認為，或許每個人在漫長的職涯中，都要有「作業員」的經驗，就算一次也好——這或許是邁向真正的論點思考無法避免的必經之路。

我認為，職涯中從未有過「大概要做多少什麼樣的作業，就可以提出什麼樣答案？」感覺的人，其實根本無法舉出正確的提問和假說。以職場工作者而言，不管是在哪個業界，實際在工作第一線（現場）體驗，是一件極為重要的事情。**經營上的決策並不是「非黑即白、非零即一」的世界，而是會逐漸變成在「灰色世界」裡還是必須做出決策的情況。而能做此種決策的，靠的就是累積在第一線（現場）的經驗。**

論點導出的解決方案

透過以上步驟，針對前述案例，貴公司或許可以擬定類似下列的經營策略。

【A解決方案】

縮減以兒童為對象的品項，並從中鎖定比方說「零嘴點心」類產品，在這個產品區隔中，創造一個具代表性的主力品牌，並將之培育成消費者必買商品。

【B解決方案】

在迥異於以往的顧客區隔中，積極創造自家公司最擅長的長銷型產品。具體而言，不管是針對成人或健康導向的產品區隔，都建立一個和兒童用產品一樣的致勝模式。

【A解決方案】是把自家公司最擅長又在行的市場區隔策略，進行重新建構；【B解決方案】是把原本擅長的策略，橫向類推並複製到以往自家公司不擅長的市場區隔。

重要的是，**避免在接到的論點之初就照單全收，並且要注意，不可以將業界視為問題的事項誤認是論點所在**。

最糟的情況是，對整體業界發生的現象進行分析，然後未經深入推敲，隨便就往和業界前幾名的公司合併、賣掉虧損的事業部門、退出相關業界等方向思考。如果管理顧問是從麥可．波特（Michael E. Porter）的業界結構分析等模式切入，也有可能會往上述的方向思考。

第二糟的情況是，努力降低原物料成本、重新檢視供應鏈管理等，把全副精力傾注在縮減成本上。雖然，這是暫時一定要做的權宜之計，但是，在逐漸萎縮的市場進行縮減成本而想要減收增益（營收減少、獲利增加），並非長久之計。

第六章

提高論點思考能力的方法

The BCG Way—The Art of Focusing on the Central Issue

1 隨時抱著問題意識做事

不斷思考「真正的問題究竟是什麼？」的心態

如果職場中一起共事的上司或同事當中，具有論點思考的人，部屬的論點思考能力也能加速度提升。如果沒有這樣的上司或同事，而自己想提升論點思考力時，可以做哪些努力呢？

若想找出新論點或隱藏的論點，就不能單純地使用左腦的邏輯思考，還需要藉助右腦的創意發想。也就是說，設定論點之際，累積經驗極為重要；但是，究竟要怎麼做，才能儘速提升這種技巧呢？

事實上，一般職場工作者其實很少有機會能接觸到「論點設定」，因為這是位於解決問題上游的流程，通常是由主管發號施令說：「這就是問題所在，請你們想出具體方法解決。」

但是，請問各位讀者能否因為這樣，就認為職位很低的自己在成為管理階層之前，根本無緣接觸「論點設定」的世界？

答案當然是否定的。

為什麼我會這麼說呢？因為，如果想要培養準確找對問題的論點思考能力，平常就要抱持追根究柢的態度，思考「真正的問題究竟是什麼？」進而累積經驗。自己對事物的看法或想法，取決於平常有沒有論點思考的心態與問題意識。

此外，即使主管或上司已經設定好課題或論點交由自己處理，自己只要展開作業就可以了。但是，其實有沒有「問題意識」，將會左右自己對工作的擁有感（ownership）、處理眼前工作之際的視野的廣度、觀察事物所持立場的高度。而**所謂「問題意識」，指的是針對上司賦予問題尋找更上層的課題或論點，並試圖將該上層課題或論點，視為是自己的問題加以思考。**

開發與累積日常實用的工作術或可解決眼前問題的實作法，對於職場工作者的成長當然很重要；但是，以中長期的職涯而言，前述的「問題意識」，也就是對於問題的擁有感或對於事物的看法，所造成的立足點的差異，將會讓職場工作者眼界更加不同。

再者，當擬定或實行解決方案遇到阻礙時，回溯上游更大的論點重新思考，每每能發現更具創造力的解決方案。為了提高日常工作的品質或速度，從經驗尚淺的階段開始，就不斷意識論點、質疑論點的態度極為重要。

問題意識培養論點思考的能力

對論點思考而言，最終來說，最重要的事情在於長期累積經驗。但是，即使累積等量的經驗，有的人設定論點的能力會提高，但是，有的人卻完全沒有任何變化。雖說這是因為每個人的能力不同，但是，其實心態才是最重要的關鍵。

是否抱持「探求大論點」的心態，將會影響思考方法。比方說，總是思考「課題究竟是什麼？」的人，與接到指派的課題就立即尋求答案的人，雙方的想法大不相同。

晉升管理階層之前，大論點通常都是主管指派。但是，即使同為初入職場的社會新鮮人，原封不動接受主管指派的論點，然後埋頭進行解決問題相關作業的年輕人，以及懷著「這個大論點真的正確嗎？」……等「問題意識」的年輕人，日積月累下來，雙方將會拉開很大的距離。縱使進行同一作業，具有「這是對的問題嗎？」想法，也就是「問題意識」的人，做出來的成果較好。如果還敢挑戰主管、提出建議，那就更好了。

從年輕時，我的個性就比別人莽撞一點，曾多次對主管指派的大論點表示不同的意見，而被前輩顧問訓斥：「你這傢伙口氣還真大！連分析都還不會，竟敢說那種話！」

身在組織內的職場工作者膽敢挑戰主管，恐怕得具有某種程度的勇氣。但是，如果只是在內心深處抱著「這是真正的論點嗎？」等「問題意識」做事，應該人人都可以做得到。「抱持問題意識」可說是鍛鍊論點思考能力的第一步。只要抱持這樣的態度，身為職場工作者的成長腳步應可加速，論點思考也會獲得完整且徹底的訓練。

論點設定位於解決問題的上游流程，已在高層主管或直屬上司手中完成，自己只要處理設定好的問題即可——這種情形極為常見。因此，年輕的職場工作者由於資歷尚淺，總以為上司指派的問題，就是「應該破解」「必須解決」的論點。但是，先找對問題、也就是設定問題才是最重要的事情，不妨試著質疑主管指派的問題，試著在心底問：「這是對的問題嗎？」——這正是論點思考的第一步。

2 改變觀點

提升論點思考的三要素——視野、立足點、觀點

論點思考最具代表的態度是「對於被指派的課題存疑」，培養論點思考之際，最重要的是，養成隨時以不同的觀點深入觀察與思考事物的習慣。不過，改變觀點看事物，並不是一件容易的事。

有鑑於此，我在觀點之外，再加上視野和立足點，並以此三要素為重。為什麼要這麼做？因為三個要素當中，視野和立足點不但可以立即訓練，而且也容易彰顯成效之故。

視野——把目光轉向平常忽略的方向

通常，當我們稱讚一個人「視野寬廣」時，指的是能以三百六十度的全景視野觀察事物，而非目光一直看著同一個方向的人。以論點思考而言，重要的是，**隨時要以寬廣的視野觀看事物、注意平常一直忽略的事物**。

破除不知不覺就為眼前的現象或論點所侷限的思考慣性，改由試著從現象或事物的背後或側面這些平時忽略的角度觀察。藉由此舉，嶄新的論點將會逐漸浮現。

例如：某家公司正在推動縮減成本的專案時，雖然長久以來一直在做，但是，該公司還是重新探討降低原物料採購費、使用共通零件、精簡品項……等可行方式。可是，卻怎麼樣都找不到解答。於是，他們決定換個不同的角度觀察，就能回到原點，探討最根本的成本結構。調查後發現，以該廠商的生產規模將不可能保留。換句話說，調查結果清楚顯示，追求整體的量產效果才是最有效的縮減成本之道。因此，再怎麼努力降低個別要素的成本，也無法建立成本競爭力。

以這個案例而言，就是因為從總體成本的觀點出發，而非在縮減單項零件的成本或降低產品單價……等平常著眼的事項上做文章，真正的論點才浮現。

只要掌握論點，具體解決方案就會比較容易出現，包括，規畫新穎的製造方法、透過購併確保企業必要的規模等。當然實際執行並不容易，但討論時方向會較為明確。

那麼，要怎麼做才能有這種放大視野的宏觀角度。其一是，**試著把注意力轉移到平常不大留意的事物上**。比方說，如果是商品開發力深獲好評的企業，就不妨試著轉從生產或業務現場的觀點看事情。如果是以國內市場為主的公司，就可以把目光轉移到國外市場或外的競爭對手身上。

當然，也可以站在個人的立場思考。如果是業務人員，因為平常想的都是顧客或通路等自己的銷售客戶。因此，如果能反過來，把焦點轉移到自家公司內部的行政或研發、生產部門，往往會產生不同的觀點。

其次則是第四章介紹的方法——**試著易地而處，站在對方角度思考**。重新想一想，如果換成自己會怎麼看待這個問題？藉由此舉，也能產生不同的看法。

立足點——抱持「比現職高二級職位」的心情工作

所謂「立足點」，指的是看事物的態度或立場。講白一點，就是用更高的眼光看事物。而所謂「更高的眼光」，有時是從現職的角度看事情的眼光，有時是如同飛翔的鳥兒從空中俯瞰地面的眼光。

比方說，我在任教的商學研究所授課時，經常對學生說，**做事時，要抱著站在比現職高二級職位的心情，而並非只高一個位階**。如果是一個沒有任何頭銜的基層員工，就站在課長（並非高一個位階的主任）的立場思考；如果是課長，就站在事業部部長（並非高一個位階的經理）的立場思考；若是董事，就站在社長（並非高一個位階的常務董事）的立場思考事情。

如果只從高一個位階的位置思考，看事情時，往往會與自己的狀況做連結，或不免涉及自己的利害關係。但是，如果從高二個位階的位置看事物，就可以跳脫自己的立場客觀思考。透過從「比現職高二級職位」的立場上思考事物，自己目前面對的課題，亦即論點，將會更明確地浮現。

假設你是一家位於地方城市的分店業務員，客戶突然主動提出一筆大交易，就在你勝券在握、意氣風發地前往交涉時，發現對方開出的成交條件是要求你們必須大幅降價。價格比總公司制定的標準還少將近一成，縱使往上呈報，也絕不可能獲准。這時，你會怎麼看待這個問題？

如果站在自己身為業務員的角度看這個問題，你當然希望降低價格、接受對方開出的條件以達到成交的目的。而且，這筆生意只要成交，你一定可以達成今年度的業績目標。因此，「如何把殺價金額壓到最低，談成這筆生意？」就成為論點。

接著，試著從你的主管——也就是分店經理的立場來看這個問題。這時，情況會變得稍微複雜些。首先，如果談成這筆生意，勢必能進一步拉高分店整體業績，但是，只靠這筆交易，距離分店的業績目標其實還有一大段距離。再者，如果只對這位客戶提供優惠條件，萬一交易價格曝光，其他客戶大概會心生不滿、發出不平之鳴吧？甚至，很可能進一步要求自己也享有同樣的優惠價格。

如此一來，即使達成營收目標，距離獲利目標還是有一大段距離。但是，這筆交易必定可以幫助你建立身為業務人員的自信。從激勵士氣的觀點來看，分店經理會覺得無論如何都想讓這筆交易成立。

最後，如果從總公司業務經理的立場來看這件事，也就是說，比現職高二級職位的觀點來看的話，結果會是怎樣呢？

比方說，如果自己的交易對象是全國連鎖店裡，屬於地方城市或鄉鎮地區的分店，事情就會很棘手。因為如果許可單一地區降價，和對方總部之間的交易，勢必會造成負面影響。所以，縱使這筆交易可以提高該分店的業績，或有助培育接洽這項交易的業務員（也就是你）具備獨當一面的能力，答案都是「絕對不可以降價」。

為什麼？因為這是全國定價一致的策略問題，一個地方分店只為成交竟然違反總公司的規定降價，茲事體大。

相對於此，假設這家要求降價的客戶只是個地方型的小企業，也就是說，即使給這家客戶優惠價，也不會對客戶總公司或我方公司造成太大的影響。然而，即使如此，結論大概也還是「絕不降價」吧？

這是因為一旦總公司允許分店降價，公司所有業務單位很可能會有所耳聞，進一步解讀為「反正不遵守總公司全國定價一致的策略，也根本無所謂。」

相反地，什麼情況之下，這筆交易可以獲准降價？一種情況是，你想出售的商品，是在其他地方不可能賣得掉的商品，如果你的客戶願意認購，有助於你們出清庫存。另一種情況是，年度即將結束，而貴公司整體業績能不能較去年度成長，端看這筆交易能否成立而定。也就是說，這筆交易將成為貴公司今年業績成長與否的關鍵。

當然，我們無從得知正確答案究竟是什麼。但是，像這樣**透過比自己現職高二層職位的立場看事情，往往可以更清楚地看到自己面對課題的屬性或本質——也就是「大論點」**。所以，希望大家都能試試看以這樣的立足點思考眼前面臨的事情。

從比現職高二級職位的立場思考事物，還有其他好處，像是比較容易描繪自己的願景。在日復一日的例行工作裡，很難看到你的遙遠未來。假如你設定的未來目標是當上社長，並以此願景擬定自己的中長期職涯規畫，其實很不實際，因為將來你是否能當得成社長根本是未知數。

比較實際可行的是，設定一個比目前高二層左右職位的目標，進一步思考：**「朝著該職位邁進時，自己欠缺的技能或經驗是什麼？或如果自己爬到那個職位，可以用什麼**

樣的方式做事？可以嘗試做些什麼改變？」這些事情思考起來比較實際一點，而且應該不會太難才對。

如果你是基層員工，可以想一想：「我想成為什麼樣的課長？如果有一天，我升任課長時，如何發揮領導力？」……等。如果你是中階主管，可以想像一下：「該怎麼當一位稱職的經理？若要成為經理，應該累積哪些經歷？」……等。除了技能或行事作風之外，建立人脈也是達成目標的重要因素。如果你怎麼也無法想像自己坐在比現職高二級職位的自己，或許應該考慮轉換職務種類，或換工作會比較妥當。

如果能抱持類似的「論點題庫」，自己應做的事情就會變得相當明確。無法提出「題庫」的話，就代表論點不夠明確；或者雖然有很多「題庫」，但是無法找到眼前應該解決的問題。如果相互矛盾也會無法解決。當「題庫」當中的某個問題出現答案時，自己應前進的方向就會變得清晰可見。在人生的路上，我們應隨時意識五個左右的問題，逐步邁進。

如果選擇毫無意義的論點，在自己身上並不會發生任何改變。若能選擇好的論點，自己將會逐漸產生各種改變，包括：時間的運用方式、閱讀的書籍、接觸的人，甚至你

的工作職場等改變。

觀點——嘗試改變切入點

觀點指的是著眼點，也就是事物首先映入眼簾的地方。換句話說，你究竟「戴著什麼樣的眼鏡」觀察事物？或依據何種典範（paradigm）看事物？

任何人在看事情時，很容易不知不覺以刻板印象觀察。也就是說，對於事物會有自己的一套看法見解。既然都說是「自己的一套」了，因此對事物的見解因人而異。比較不自覺的情況是，人們經常會侷限自己的觀點，輕易掉入某種模式（pattern）之中。

BCG日本代表御立尚資用「視角」（lens）一詞形容看事情的方法（編按：「視角」指的是思考時活用廣角、顯微與變形三種視角，分別代表擴大眼界、深入聚焦與自由發想的思考方式，請參照《策略思考》，中譯本由經濟新潮社出版）。也就是說，隨著透過的「視角」不同，看事物的觀點也會隨之而異。

接下來，我將把用各種切入點觀看事物的方法，分類為十種模式加以介紹。當然這些都是我個人的想法與看法，除了這些之外，應該還有各種不同的觀點，所以希望大家能自行體會琢磨。

①反向思考

首先是逆向操作的發想。試著反向思考所有事物。例如，企業往往會從價值鏈的上游進行發想，思考如何用最高的效率，把產品或服務送到客戶手上。這時，就可以試著反過來，從下游的角度反向思考。

比方說，大型廣告公司通常建議客戶，活用電視或報紙等大眾媒體露出廣告。這種方法雖然適合大企業，卻和中小企業顯得格格不入。因為，中小企業不但沒預算，而且是否打出適合以大眾為對象的廣告，也是個很大的疑問。如果從中小企業的立場思考廣告宣傳手法，谷歌（Google）或雅虎（Yahoo!）提供業主以關鍵字廣告（在搜尋網站鍵入某個關鍵字時，搜尋結果就會顯出與該關鍵字有關的廣告）之類的全新商業模式，就會自然浮現。

另外，既有廠商也常會被自家公司的定位所侷限。這時應該思考，如果是新進廠商，對於業界或商業模式會怎麼看待？可做什麼改變？

比方說，汽車保險的直銷型產物保險就是最好的例子。因為直接由保險公司和保戶簽約，不透過代理店，所以稱為直銷；但是，這卻不是其保費低廉的唯一理由。

直銷型產物保險的主力商品為細分風險型保險，這是一種運用各種條件，篩選出肇事機率低的族群。再以這些優良駕駛為對象，提供低廉保費的保險商品。透過電視廣告等宣傳手法，吸引那些持有優良駕駛駕照的人、不常開車的人購買該保險商品，再把保險金給付額壓到最低以確保獲利。不論保費如何低廉，只要不必給付要保人保險金，還是有利可圖。

其實，直銷型產物保險商品的獲利關鍵在於「如何找出優良駕駛的族群並制定吸引他們加入保險的實作法？」一般稱此做法為擇優汰劣（編按：cream-skimming，另譯為刮脂效應，原意為從牛奶提煉奶油，由於已經去除牛奶雜質，因此優質成分留在奶油裡。比喻廠商為求最佳利益，只提供產品或服務給早已鎖定的目標顧客，以最低的成本換取最大的獲利）或精挑細選（編按：cherry-picking，原意指採櫻桃，引申為廠商只挑選高獲利的產品或服務進入市場）。

既有廠商往往會根據既有的刻板印象、典範思惟，但是，如能像這樣，試著從「如果是新進廠商會怎麼做？」的角度發想並且思考策略，將會出現迥異於以往的創新構想。

②如果是業界最後一名的廠商，會怎麼做？

還有一個與此相似的方法，也就是思考「如果是業界最後一名的廠商，會怎麼做？」的方法。王者的策略和吊車尾的策略必定截然不同。

比方說，日本軟銀（SoftBank）祭出「軟銀手機用戶網內互打免費」的策略，不過，這是因為該公司在手機業界的市占率低，才能打出這樣的策略。假設業界龍頭NTT都科摩（NTT DoCoMo）的市占率為五〇％、軟銀是二〇％。這麼一來，軟銀用戶之間的通話量，因為軟銀手機用戶是二成的人和二成的人網內互打，相關通話量只占總通話量的四％（〇．二×〇．二＝〇．〇四）。如果透過讓這四％免費，而能把市場上八成非軟銀用戶當中的一部分給吸引過來，這項投資的成本還算低廉又划算。

相較於此，NTT都科摩手機用戶網內互打通話量，因為是五成的人和五成的人互打，因此占總通話量的二五％（〇．五×〇．五＝〇．二五）。而且，占NTT都科摩總通話費的一半（網內互打為五〇％、都科摩與其他通訊業者的通話為五〇％），因此如果讓都科摩用戶之間的網內互打通話費免費，無異是自尋死路。正因軟銀在手機業界的市占率低，才能祭出這種NTT都科摩難以仿效的策略。

③用第一線的眼光思考

其次，從第一線（現場）的眼光看事情，也極為重要。我經常對管理顧問後進們說，**務必要到第一線看看。第一線常潛藏著解決問題的構想或靈感**。但是，實際前往的人卻少之又少，所以，能做到這一點的人，能與競爭者形成差異化。

我們曾做過一個和銀行提款機（ATM）有關的專案。事實上，設置提款機時，包括管理、維修、保全……等業務。當時，這些業務是由不同公司分別處理。不過，經過我們一整天在設有提款機的現場深入觀察後，我們發現，由一家公司統包所有業務，似乎會比較有效率。

經過調查後發現，美國早已有公司這麼做。該公司自己有提款機硬體設備，並把提款機租借給銀行，然後承包所有提款機管理、維修、保全……等業務。當時，我們提案建議業主實施這項服務，不過，由於某些原因造成這項建議擱置。沒想到，經過十多年之後，Seven銀行〔編按：Seven Bank，隸屬柒和伊控股公司（Seven & i Holdings）旗下的金融服務〕引進相同的商業模式。當年專案團隊的先見之明，至今仍讓我們感到相當驕傲。

④兩極思考

著有《戰爭論》（*Vom Kriege*）的軍事學者卡爾・馮・克勞塞維茨（Carl Von Clausewitz）主張：「凡事應從兩個極端深入探究。」

我也曾有這種經驗。某家公司新設的部門經營不善，並考慮是否撤出相關事業。該部門資金規模約為二十多億日圓，但有六個事業領域，各領域都各擁五至十項商品，透過遍布日本全國的業務單位進行銷售。

我們向該事業部提出徹底瘦身的建議。包括，把六個事業領域減為三個、品項也減半。這麼一來，總品項就減為原來的四分之一。接著，再把業務區域精簡為東京、名古屋、大阪和神戶。

這樣的提案當然引發事業部員工的強烈反彈，認為一旦這麼做，營收將會低於原來的一半。不過，該公司最後還是接受我們的提案，並付諸實行。

結果發現，很有趣的是效率竟然大幅提升。第一年的營收雖有些許減少，但是獲利率改善，第二年以後，營收開始一路攀升，目前該事業部的規模已成長為當時的十五倍。

⑤從長遠的角度思考

不論是經營管理或商品研發，進行相關規畫時，大部分都只看到未來的二年至三年吧？這時，就應思考十年後、二十年後會變成如何。這麼一來，就會有不同的發想出現。雖然有點做作矯情，一言以蔽之，就是「當一位追夢者！」的意思。

例如，探討汽車業界的發展動向時，如果三十年後石油即將枯竭，則就現狀所做的探討自然就不成立。透過從長遠的角度看事情，將能看到原本看不到的盲點。如果從長遠的眼光來看，有時目前全力投入的事未必有太大的意義。

⑥源於自然界的發想

自然界的現象也常能讓我們構想湧現。比方說：「具有相同生態棲位（編按：

Ecological Niche，指的是物種覓食的地點，食物的種類和大小，還有其每日的和季節性的生物節律）的兩個物種不可能在同一個生態系共存。」這句話，原本指的是棲息在同一個湖裡面的魚類，如果一方吃藻類、一方吃小魚，則雙方都可以生存。但是，捕食相同小魚的魚類若有兩種，一方就會被淘汰。BCG的前輩織畑基一曾對我說過：「企業競爭的情形也和這句話形容得一模一樣。」

又如樹木如果不採取間伐，就會枝不壯、根不深（編按：砍除林中部分樹木，讓其他樹木保有開枝散葉、深根茁壯的足夠空間，稱為間伐），也無法讓每一株樹長成大樹。這就和企業投入資源一樣，想要把所有員工能力提升的教育訓練、改善所有店鋪的計畫，大多難以進展順利。不過，若能針對部分員工、鎖定部分店鋪進行訓練，通常比較可行。因此，自然界的現象通常也常能做為企業經營或擬定策略的靈感。

⑦來自日常生活的發想

當我看到年輕人在逛服飾店時，一邊看衣服、鞋子或包包，一邊講行動電話的畫面，不經意打聽一下之後發現，原來年輕人在和媽媽講話，討論「我好喜歡這個，可以買嗎？」或「妳覺得我適合嗎？」等。他們好像也會用電子郵件、簡訊傳送想買的商品相片給對方，以聽取意見或反應。

碰到這種場面時，可以給我們一些啟發，讓我們了解到，購買行為已經大幅改變，今後賣方無法墨守成規，也不能採取以往的做法。

接下來，這三種模式因為在第四章的「參照抽屜」中已經介紹過，所以僅簡單帶過。

⑧借鏡類似案例的發想

某個業界發生的情況，有時在其他業界也會發生，可以成為發想時類推的參考。

除了前面所舉的電信業界步上航空業界後塵，面臨法規鬆綁、開放競爭的例子之外，還有許多不勝枚舉的案例。

例如，有主張認為，汽車業也許會變成另一個「個人電腦業」。一直以來，人們都認為，汽車製造需要具備「高度的塗裝技術」，所以進入門檻高，並非一朝一夕就模仿得來。然而，隨著只要組裝馬達、車身、底盤，就能完成一輛車的組裝型電動汽車問世，這個「汽車製造業進入門檻高」的前提，已經變得不攻自破了。

果真演變至此，汽車業將不會再像以往一樣，旗下擁有許多垂直整合的關係企業或子公司，而可能會朝著兩極化的方向發展。比方說，其一是只要買進零件、加以組裝、貼牌、銷售的品牌汽車製造商，以及只負責生產零件，把成品賣給品牌汽車廠商組裝成汽車的零件廠商。

事實上，目前也確實有零件廠商已經動作頻頻。比方說，博世（Bosch）生產柴油引擎及其相關電子控制組件，銷售給其他汽車廠商。柴油引擎若能控制得當，不僅提高效率，排氣也較乾淨。可是，這個技術是「黑箱」（black box），進入門檻高，至少在控制柴油引擎的零組件部分，全球的汽車廠商都必須向博世採購。如果汽車業朝向個人電腦業的方向發展，掌握汽車關鍵零組件的博世，地位大概相當於電腦業的微軟（Microsoft）或英特爾（Intel）吧？

很多人都有根深柢固的觀念，以為自己的業界多麼與眾不同。然而，其實有很多相似的部分，是其他業界可供效法的寶庫。

⑨從顧客的觀點看事物

QB House標榜只要十分鐘、一千日圓，提供只剪不洗的快速剪髮服務（編按：在臺灣，類似的快速剪髮服務為新臺幣一百元），可說是從使用者的角度發想的典型案例。詢問常客之後，他們表示只要十分鐘、一千日圓就能完成剪髮，真是再方便也不過。

一直以來，傳統的理髮店除了剪髮之外，也提供洗髮、刮鬍子、按摩等全套服務，並將這樣的模式視為理所當然，不曾懷疑。然而，其實對於趕時間的顧客而言，他們並不需要這種全套服務。雖然費用便宜也是QB House的成功祕訣，不過，我認為其最大關鍵應在於確切掌握人們對速度的需求。

⑩以鳥的眼光、蟲的眼光思考

經營者總是從高處、大局看事情，因此，同時也必須具備「蟲的眼光」，以了解知道第一線（現場）工作人員的看法。相對地，在第一線工作的人，往往會用「蟲的眼光」看事物，所以也必須同時具備「鳥的眼光」，把自己當經營者觀察事情。這麼一來，改變立場，就能改變看事情的角度與見解。

提出嶄新構想、對事物有他人所缺乏的獨到見解——想要具備這種觀點，需要有慧根。「觀點」，並不是那種經過幾次訓練就能培養的能力。但是，只要持續不懈，勤加努力擴展視野、提高立足點，就可累積經驗，從而磨練出創出獨到見解或新穎發想的觀點。

BCG主張「嘗試改變切入點」，指的就是改變觀點。例如，已經徹底分析成本，卻怎麼也找不出答案、提不出說明時，所謂「嘗試改變觀點」「試著改變切入點」就是指「何不試著找找看成本以外的要素？」具體而言，就是不妨試著從品牌的觀點思考，或針對流程進行探究，或把焦點放在服務的層面上——這些就稱為「改變切入點」。

3 思考多個論點

提不出問題，是很危險的事情

進行論點思考之際，如果想不出幾個論點，那你就要注意了。

這時，就必須懷疑是由何者造成？是因為發想不足或視野狹隘，導致只浮現一個論點？還是完全相反，是因為先入為主的想法太強烈而忽略還有其他論點？

當然，如果你總是可以不為其他論點所惑，找到唯一一個應該解決的論點，也就是大論點的話，那麼，想不出多個論點自是再好不過；但是，這種情形可說少之又少。或者說，這是必須長期累積豐富經驗之後，才能達到的境界。

一般最常見的是，首先會浮現「這個也許是論點」，但是，接著又出現「慢著，也許那個才是」；或浮現兩個以上的論點，但無法判斷孰者重要等狀況。

以第二章「經營不善的餐廳」的案例說明，首先會根據常識判斷，建立「因為難吃，所以客人不上門」的假說。這時，在論點方面，就會浮出如下應破解的論點——是毫無消費價值的「絕對型難吃」；或者，是和價格、地點、服務對照之下，實在稱不上美味的「相對型難吃」？

另一方面，如果認為原因也許出在設店地點太差，也可建立這樣的假說：因為不值得特地驅車前往品嚐，所以也許是因為地點偏僻，離車站或繁華區太遠所致。這時應解決的論點就會變成是目標客層、菜色類型、地點等三者是否彼此吻合。

此外，原因也可能是競爭激烈。比方說，一直到幾個月前，經營狀況都還不錯，但是自從三個月前附近新開一家餐廳競爭後，營收就陷入低迷。果真如此的話，就得釐清究竟有沒有形成競爭，驗證該餐廳是否真的搶走自己的客人。

如果觀察某個現象時，會像這樣多個論點和假說同時湧現，那就是貨真價實的論點。透過比較這些論點，找到關鍵論點的機率將大為提高。或者，如果湧現不同層次的論點，那麼，用更上層的概念加以重新整合，接近真正論點的機率也會大增。

再者，如果拘泥於你自己想到的唯一論點，恐有漏失更上層、舉足輕重的論點之虞。例如你是唱片公司的產品研發人員，就有可能拘泥於更高品質的ＣＤ錄音技術，卻毫無察覺社會潮流早已從ＣＤ逐漸轉向網路下載音樂的現象。

當然，如果因為眾多論點湧現，沒有將所有論點都仔細調查一遍就心不甘、情不願，這種做法也有待商榷，可稱為「網羅式思考」，或許也可稱為「ＭＥＣＥ成癮」。

不過，「論點是可以這麼輕易找到的嗎？」我想才是讀者最單純的疑問吧？

究竟要怎麼做才能正確地設定問題？不管是個人或企業，都有這個相同的困擾。

解決方案之一是，**平常就要養成一個習慣，那就是除了「問題是這個」或「解決方案是這個」之外，至少要再試著思考另一個其他的問題或答案**。以管理顧問業為例，因為多少是靠著質疑客戶的苦惱或時時具有問題意識而謀生，所以可說訓練有素，練就一身「隨時在尋找其他論點」的工夫。

但是，一般職場工作者卻經常對於主管交代下來的課題盲目服從，往往吭也不敢吭一聲就立刻動手做。所以，或許很難對課題層次有所存疑。不過，多思考幾個解決方案，應該不是那麼困難的事情吧？換句話說，毫不懷疑地接納大論點，但是，自己主動多思索幾個中論點。

假設業務人員有個「該怎麼做才能提升業績？」的論點，在這個前提下，可以有兩個想法。一是「是否應多拜訪幾家客戶？」二是「是否減少拜訪家數，改成集中幾家客戶仔細說明比較好？」這時，就可以實驗看看。這個月多拜訪幾家客戶，下個月集中幾位客戶深入訪談。透過這樣的過程，就可切身感受到究竟什麼是解決方案。

思考替代案時，上下左右的論點很重要

具備擬定論點替代案的能力，極為重要。當主管交代課題下來，指示「破解A論點」時，人們往往會將其因數分解，著手進行解決。但是，實際上這時應該思考的是，也許A之外，還有一個與A並列的論點B。當上司說「因為商品競爭力比較差，所以敗給競爭對手」時，萬一真正的問題其實是在成本結構，縱使力圖提升商品競爭力、思考商品層面的問題，也毫無意義。

如果具備思考不同論點的能力，也會比較容易想到解決論點所需的解決方案。原因

如下：

假設某論點A有①、②、③三個解答（替代方案）。而且，除了論點A之外，還有另外一個論點B，而論點B當然存在著迥異於論點A的解決方案④、⑤、⑥。

因為有解決方案④的存在，所以論點A的解決方案①、②、③當中，何者才是最佳解決方案變得清晰可見——這種情形司空見慣。有時候也會因為知道論點B的存在，而使得①、②、③都變成毫無意義的解答。碰到這種狀況時，只能說論點A原本就不是個方向正確的好論點。

接下來，我以補習班的案例說明。

假設你是一家補習班的員工，發現附近出現一家風評頗佳的競爭對手。對方不但使用自行編寫的教材，而且，由於授課方式淺顯易懂而深獲好評，學生人數不斷增加。深受威脅的班主任於是對你說：「我們也該想想對策，想辦法增加學生才行。」

你對於主管賦予的論點「增加學生人數」（論點A）進行因數分解之後，想到了三個方案：「①發廣告單」「②調降學費」「③介紹同學來，介紹人就免繳註冊費」等。然而，①到③的對策能否奏效，卻是個未知數。

如果考量父母費盡苦心也想讓小孩受更好教育的心情，那麼，調降學費或提升認知度，可能還是比不上好口碑吸引人。於是，你注意到「提升教學品質」（論點B）。你認為，這才是足以與風評卓著的競爭對手相抗衡的手段。這麼一來，你就會開始覺得「④挖角補教界名師」「⑤提升現任教師的指導能力」「⑥建立回應學生需求的制度」等論點會比較有效（詳見【圖表6-1】）。

誠如在第四章「將論點結構化」一節中所闡述的，當主管交代論點給部屬時，重要的是，要先試想在同一層次上，是否有其他截然不同的論點。其次再試著思考，是否有涵蓋各論點的上層概念論點。

釐清自己主張的論點

提出對於事物的主張時，思索自己是「在何種論點結構中，主張什麼？」極為重要。如果一步步追究自己為什麼要做該主張，與自己不同的論點也會隨之浮現，同時，也常會在自己論點之上發現更上層的論點。另外，如果了解公司內部與自己抱持不同意

圖表6-1 思考上下左右的論點──以補習班為例

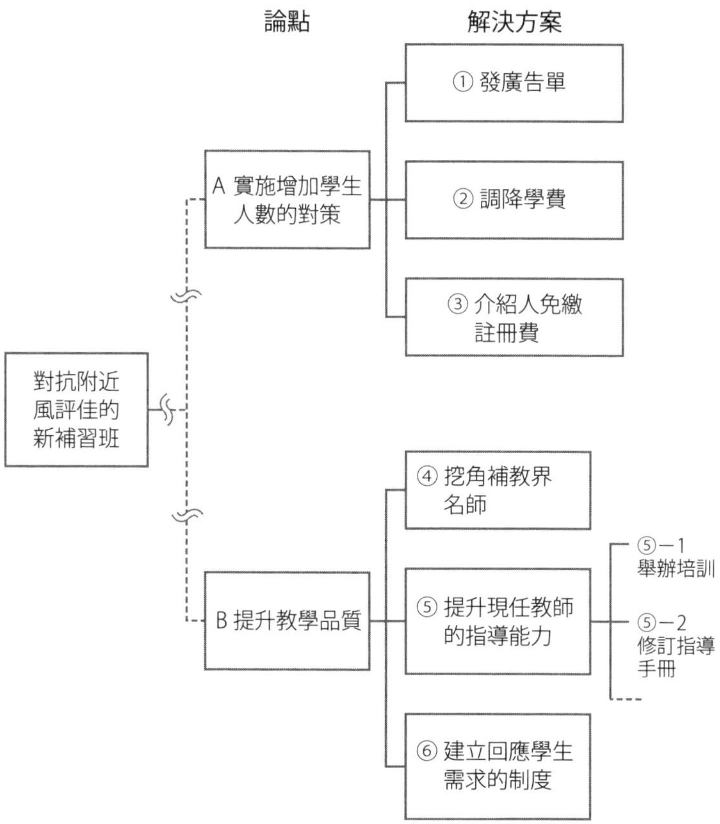

見的人，是抱著什麼念頭，對自己建構的論點結構當中的哪個部分，主張何種解決方案，則距離解決問題又會更靠近一步。

假設你是玩具廠商的經營企畫人員。雖然貴公司的主力商品——兒童的遊戲卡，在市占率並沒有改變，但是遊戲卡市場逐年萎縮，營收、獲利雙雙下降。想要提高市占率，你考慮加強公司業務能力較弱的區域，開拓新客戶，並重新檢視業務人員配置，力圖降低成本。但是，業務經理反對這個提案，他認為，應該縮減為了拓展新客戶所需的業務費以降低成本，把資源集中在挖掘既有客戶，才是上策。

這時，針對如**【圖表6-2】**所示，在你的論點結構裡，了解反對者主張的論點與解決方案，是一件非常重要的事情。以這個情況為例，藉由此舉將可知道業務經理的重點，既不是「開拓新客戶」，也不是「重視既有客戶」或「重新檢視業務人員的配置」，而是「重新檢視業務費」；也就是說，業務經理重視降低成本勝於提升市占率。

圖表6-2 看清反對者的論點——以增收增益為例

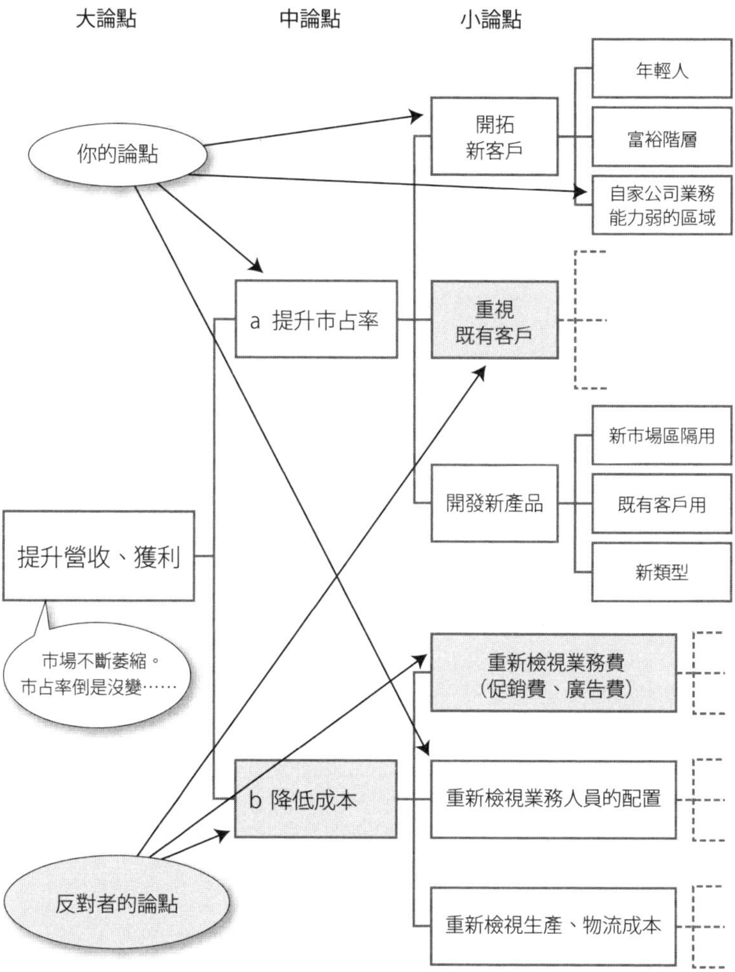

想像反對者的意見

思考替代案時，可以站在反對者的立場，試著刻意用批評的眼光看自己的方案。我常用這個方法，想像反對者的臉孔，思索著換成是他，會怎麼挑剔自己的主張或提案。透過這樣的方式，替代方案往往能浮現而出。

當我想說服客戶、讓客戶接受我的提案時，我多會使用這個方法。

例如，我提議午餐「去吃中菜」，但是所有人都反對。這時，反對的理由也有很多種。有的是「昨天晚上才吃過中菜，今天不想再吃」；有的反對意見是「中菜太貴，我不想吃」。另外，也很有可能是「其實很想吃中菜，但因為提議的人是他，所以故意反對」。在組織裡面，這種情況可說不勝枚舉。

而在理解這些情況的前提下，提出替代方案，將有助解決問題。

如果一起吃中飯的同行者中也包括社長，並說「昨天晚上才吃過中菜，今天不想再吃」，不論如何強烈建議中菜，意見也不可能被採納。這時，提議中菜以外的料理，或問「不知道社長想吃什麼？」比較有助於解決問題。

當然，如果早已知道社長昨晚餐敘是吃中菜，那麼，一開始就可以提議「去吃壽司」，所以，若能事先掌握狀況是再好不過。

如果沒有站在跳脫主觀的立足點，就提不出替代方案。只知道中菜的人，恐怕提不出「壽司」這個替代方案吧？再者，有些人雖然能提出替代方案，但是對立軸卻偏離。以「是要吃中菜？還是吃壽司？」這個提案為例，這就有確切考量過對立軸。但是，「是要吃中菜？或是喝咖啡？」「是要吃中菜還是吃炒飯？」「是要吃中菜或買東西？」等，就不是考量過對立軸的論點。

日常生活裡，這些事情都是理所當然到「一般常識」的程度；但是，一旦在工作上遇到時，往往會把不同層次的論點相提並論並從中搗亂討論的人，其實不在少數。務必隨時提醒自己，千萬不要變成這種人。

若要能找到確切的對立軸，不可或缺的是必須具有較高的立足點。優秀的職場工作者，總會站在比現職高二級職位的立場思考事物。

4 增加抽屜

問題意識有助於充實抽屜內容

我曾在前面談到「參照抽屜」的概念，而每個人的腦海中應該都或多有少有這種虛擬的抽屜吧？我有二十格抽屜，每格抽屜裡面又都各有二十種題材，但是，一個新手如果突然就想建立起像我這樣的抽屜，恐怕也只會手足無措而已吧？

我建議大家可以這麼做——首先，可以從準備兩格抽屜，再於每格抽屜分別存放兩個左右的題材（案例）開始做起。在使用的過程中，放入同一抽屜的題材數目會不斷增加，然後，等到自己感興趣的領域或工作所需的領域增加時，再一格一格逐漸擴充抽屜的數目即可。

運用抽屜處理工作之際，應該怎麼逐步強化抽屜呢？

我認為「問題意識」也扮演重要的角色，此時的「問題意識」，或許也可稱之為「興趣」或「好奇心」。**只要具有問題意識，自然就會注意到社會上的各種現象，進而可將之儲存到抽屜裡。問題意識不僅會在意識層次發生作用，也會在無意識層次發揮作用。**如此一來，即使閱讀的雜誌是毫不相干的領域，需要的資訊還是會自動被你已經打開的資訊天線接收。

其實，腦部會自動抓取對自己有意義的知識。

自己獨有的問題意識將會和「與某人的對話」「街上看到的風景等現象」發生碰撞、擦出火花，我稱之為「冒火花」（spark）。另外一種是，某個現象和另一個現象，經由問題意識而相互碰撞。例如，我曾在前面提及少子化其實是一種「現象」而非「論點」。這時，只要具有「真正的論點為何？」的問題意識，就會思考「少子化問題的本質是什麼？」並和自己抽屜（資料庫）裡已經儲存的現象、糧食等問題結合、碰撞，進而開始思考，雖然人們認為少子化是個問題，但是如果從糧食問題層面觀察，似乎並非如此。

不蒐集、不整理、不記憶

以前的我，曾經非常刻意地想努力增加抽屜。但是，光是蒐集和整理資訊，也就是輸入（input）的作業就已經忙不過來，根本沒辦法進行最重要的資訊活用，也就是輸出（output）。這可說是本末倒置，一心想要靈活運用資訊，結果卻反被資訊玩弄。即使花了十分的力氣輸入、儲存，能用的頂多也就二至三分。

有鑑於此，我改變想法，思考**「究竟要怎麼做，才能只花二至三分的努力儲存資訊，但卻能在運用時做到十分？」**

具體而言，就是在蒐集資訊的階段「徹底偷工減料」，完全憑感覺（興趣），把看到、聽到的現象看成資訊，而且蒐集到的資訊也完全不整理，不努力勉強記住。唯有這個方法，才是持之以恆且有效率地靈活運用資訊的捷徑。

雖說我希望大家要高高矗立「問題意識」的天線，但是，對於蒐集資訊卻不勉強大家。自然而然地擷取資訊但卻不刻意整理——這個方法我一直在日常生活中身體力行。

只要抱有問題意識，應該就會碰到很多在腦海裡留下印象的事情。碰到這種時候，因為記錄在電腦裡或卡片上很麻煩，所以就放進腦海裡，打個「✓」。

比方說，今天吃到美味的食物，心想：「哇！這家餐廳（或這道菜）超好吃的！」此外，萬一發現奇怪的事情，內心就發出「咦？」的問號。這麼一來，這些資訊就會自然而然地累積起來，等下次看到類似現象時就會自然而然回想起來。

這麼說吧！例如，偶然在電視連續劇中看到一位可愛的女演員，但是，通常也不會因為這樣，就立刻把節目錄起來或在網路上搜尋，問朋友：「那個演〇〇〇連續劇的可愛女演員是誰呢？」

大部分的人，都是過目即忘，不會再去想起。但是，有時碰巧又看到同一位女演員。這麼一來，「天線」就會升高一些，心想：「咦？上次好像也看過她。」但是，還是不會做什麼舉動。等到第三次，又在其他節目看到同一位女演員時，到了這個階段，就會把她放進記憶裡——我的想法是，這樣就足夠了。

各位讀者工作時，最好也不要太緊繃，抱持上述「看到可愛女演員」的想法，輕鬆看待即可。**覺得「哇！」「咦？」時，只要掛起「意識的掛鉤」就好。對於感到「好**

吃！有趣！奇怪？」的事物，則在腦子裡打個「✓」。雖然把資訊儲存在抽屜裡很重要，但是，如果過度賣力儲存資訊，就會造成精疲力竭的反效果。

遭人反駁時，記得閉嘴聆聽

假設有一位新進的管理顧問獨自向客戶提案，這時，如果客戶提出反駁，大部分的管理顧問都會想極力說服對方。於是，形式上說服對方應該接受自己的提案，然後回到辦公室再向主管報告：「雖然客戶似乎有點不滿意，不過，經過我說服之後，最後還是採納我們的提議。」但是，當主管前往拜訪對方時，客戶還是一樣覺得很不滿意。

遇到客戶提出反駁意見時，比較有經驗的管理顧問，會當場先聆聽對方的意見。先閉上嘴巴仔細傾聽，再解決客戶覺得有問題的地方。然後，如實向上司報告。這樣一來，主管就能考量客戶究竟擔心什麼事情進而重新擬定提案。有時會針對客戶不滿意的地方進行修正，有時則會明確突顯對立軸（兩個對立的選項），以方便客戶下決策。

懂得聆聽的管理顧問，比較能獲得客戶的好評。客戶通常會這麼稱讚：「只要告訴某人我的想法，事情就能順利進行。」**當雙方的想法分歧時，其實就是機會來臨時。**當雙方意見對立時，千萬不要辯解或防衛，而是傾聽對方的意見與想法，論點將會逐漸清晰可見。

說得極端一些，「傾聽」其實等於「問題意識」，如果是在抱持問題意識的情況下聆聽，對方不經意說出的話，也會被自己的「天線」接收進去。但是，如果沒有問題意識，就會如耳邊風一樣，左耳聽、右耳出。**傾聽可以讓我們根據接收到的訊息，提出關鍵問題之外，有時對方一句無心之言，也可以帶給我們靈感。事實上，很多時候也會因此找對問題、察覺論點。**

5 論點思考的效用

如何指派成員完成工作？

BCG的資深顧問（合夥人）森健太郎先生，非常知人善任，也很擅長培育人才；因此，我向他請教分派工作給專案成員的方法。

他表示，比方說，如果把希望解決的課題分派給專案成員時，通常會有四個模式，他舉「虎鯨」為例詳細說明。

這裡有四個關於虎鯨的問題。

①「虎鯨是魚嗎？」（＝根據假說所提出的疑問）

②「虎鯨是魚類？還是哺乳類呢？」（＝非黑即白的清楚論點）

③「虎鯨屬於生物的什麼類啊？」（＝開放式的論點）

④「虎鯨是什麼樣的生物啊？」（＝一般問題）

事實上，這四個問題分別呈現論點的四種不同模式：

①「虎鯨是魚嗎？」是基於「虎鯨是魚」的假說而提出的問題。

②「虎鯨是魚類？還是哺乳類呢？」是非黑即白的二選一論點。

③「虎鯨屬於生物的什麼類啊？」的問題，是開放式的論點。

④「虎鯨是什麼樣的生物啊？」是無從預期究竟會出現什麼解答的模糊提問。

如果你是團隊的領導者，當你把這些問題丟給成員時，會引起什麼反應？

如果設定「虎鯨是什麼樣的生物啊？」這種問題，專案成員將會提出像是「身形龐大」「住在海底」「兇猛」等漫無邊際、沒完沒了的廣泛答案。因此，最好避免提出④的問題。

但是，當你問大家：「虎鯨屬於生物的什麼類啊？」專案成員就不會無所適從、猶豫不決。如果問的是「虎鯨是魚類？還是哺乳類呢？」大家就更不會遲疑了。

森資深顧問表示，以管理顧問執行的專案為例，專案負責人分派工作給成員時，如果能把諸如「虎鯨屬於生物的什麼類啊？」之類的開放式論點當成背景，說明給專案成員知道；再從「虎鯨是魚類？還是哺乳類呢？」等二選一的論點層次，進行工作的委任，專案就會進展順利。換句話說，運用②和③的論點。

那麼，為什麼不以①「虎鯨是魚嗎？」這樣的論點提示假說？事實上，直接以假說對專案成員暗示答案具有風險，原因由我說明如下：

首先，第一個風險是，恐怕過度限縮論點，造成忽略其他可能存在的論點；或專案成員懶得去想其他可能的論點。舉例來說，當專案成員接到「請你驗證虎鯨是不是魚？」的指示時，專案成員可能就完全不會考慮「可能虎鯨是哺乳類或兩棲類生物」等。而且，當假說無從驗證時，也就是確定虎鯨不是魚時，論點就得重新設定，再次從建立假說開始做起。當然，雖說只要重做一遍就好，但是，總是會再多花一些時間。

第二個風險也和上述第一個風險有關，也就是說，無法培養專案成員主動自行思考論點的習慣。一旦根深柢固認為主管總會指示論點，自己只要驗證即可，將造成永遠無法培養專案成員論點思考的能力。結果是，他們終其一生都只是個善於驗證假說的分析員或作業員。這樣的人，一旦被委以管理部門的重任時，可能完全派不上用場。相反地，如果給予類似②這種二選一的論點，或像③這種稍微開放的論點，可能會針對應該比較的對象自行動手進行調查，進而發現不同的論點。雖然一再重複，但是，我仍要再三強調，存在著「對立軸」，將可讓論點鮮明浮現的機率較高。

最後一個風險是，人們通常會根據自己先入為主的成見，只挑選對自己方便的資訊建立邏輯。換句話說，我們自己通常不會意識到像是「自己看到何種事實？又該怎麼解釋這個事實？」之類的「思考過程」。為此，我們不會向對方一五一十說明自己思考的過程，也不會驗證這個過程是否正確，更不會對自己的思考過程心存懷疑，就好像自己所思考的一切都是事實一樣。為了避免這個風險，思考「是黑或白？是對或錯？」就極為重要。

如果問專案成員「虎鯨是魚嗎？」大家就只會說：「虎鯨游於海裡，與鯊魚一樣都是吃魚的肉食類，左看又看都魚。」但是，如果問大家：「虎鯨是魚？還是哺乳類？」專案成員就會確切分辨魚類和哺乳類的差異，知道二者的差異是卵生還是胎生，進而提出：「雖然乍看之下虎鯨像魚類，但是，其實是哺乳類。」的答案。

視成員的力量，區隔使用論點的層次

當你對專案成員或部屬說：「這是大論點，請大家思考一下」時，大家通常都會呆若木雞。因為，論點實在太大，大家不知道該從哪裡下手才好？因此，必須從大論點逐步往下分解，成為團隊成員能夠實際執行、完成或能夠採取行動的「單位」，而這就是中論點或小論點。

以管理顧問而言，接到指派的中論點後，能逐步分解成為小論點的人，可稱為優秀的管理顧問。而接到中論點後，還是不知從何下手，必須要提供到小論點層次的人，就是所謂資淺的管理顧問——身為主管或專案負責人，應該要像這樣，視成員的能力、程度，改變指派論點的方式。

舉例來說，某食品廠商正為品質問題所苦惱。社長交代下來的命題（論點）是「進一步提升公司的品質水準，搶下業界第一」。

但是，光憑這樣，通常無法做事。只籠統地說「品質」，究竟是指口味的品質？食品安全的品質？或是指形狀？或數量？因為不知道究竟言下之意為何，所以部屬很難擬定實際的行動方案。

事實上，「品質」也有許多不同的層面。專案負責人在了解這個情況的前提下，做了如下的分析：

這個公司的產品口味在業界享有盛名，而食品安全方面，該公司使用的原料也慎重到堪稱保守的地步，而且，驗貨程序也非常嚴格。於是，專案負責人推測社長所指稱的「品質」，可能是指當消費者購買商品或看到商品時，有參差不齊或摻雜瑕疵品的情形。

這麼一來，當設定「提升品質」為大論點時，即可排除口味和食品安全層面的品質等中論點，僅提出「產品瑕疵」做為中論點。

當把論點分解到這個層次時，就把問題直接丟給管理顧問，請對方想一想怎麼做才能解決「產品瑕疵」問題，這是其中一種做法。不過，即使如此，還是會有管理顧問不知道該從何下手。

如果遇到這種情況時，就必須再協助管理顧問更進一步將中論點分解為小論點，然後再下達指示。例如，具體指示工作內容，要對方調查「產品瑕疵是在工廠的生產階段發生？還是在公司內部的物流過程中產生？或是原料有問題造成產品瑕疵？」等。除此之外，由於消費者弄錯食品的保存方法或食用方法，造成產品出現瑕疵的案例也不在少數。由於每一個都是論點，所以可稱之為「小論點」。

當然，有時也會碰到必須把論點再更進一步細分，分解到「作業」層次的管理顧問。碰到這種管理顧問時，就必須給予如下的指示：「調查製程瑕疵品的方法是要先看過〇〇的資料之後，再親自到第一線，聽取工廠人員的說明，另外，到第一線時，可以順便看看△△。」

身為領導者，必須像這樣區隔與使用論點，視成員的能力分解論點，甚至做出細到實際作業層次的指示。以管理顧問這行而言，只要累積有三年左右的經驗，就可以對其採取諸如「大論點是這個，中論點以下就由你自行思考、處理」之類的方式分派工作。被交代這類工作的人，應該會覺得「自己的成長獲得上司的肯定」吧？

相對於此，對於第一年的新進員工，上司必須給予小論點，提示對論點的暫定答案（假說），再進行該假說的驗證。

為了培育人才，給予論點勝於假說

ＢＣＧ的資深顧問中，有人主張，比起給予假說，提示論點會比較容易把成員帶往同一個方向。該資深顧問認為，論點思考正是人才管理的精髓。重要的是，部屬或專案成員清楚理解「論點究竟是什麼？論點和假說有什麼不同？」並可採取行動。

如果上司提出假說，告知「請針對這一點，證明看看」，這時團隊成員會出現二種類型，一種是不假思索，針對假說進行證明的類型；另一種則是，喜歡自行思索，如果直接給予假說或暫定的答案，就會覺得好像缺乏挑戰導致提不起勁的類型。**一位有能力的職場工作者通常希望靠著自己找出價值，並不會全盤接受上司指派的假說，而是自行思索假說並加以證明，進而從中找到樂趣**——有這種想法的職場工作者，自然會逐漸成長。

假使明知如此，卻對成員說「論點是這個，假說是那個，你只要負責驗證即可」，不僅無法激勵成員的動機，工作的品質也會降低，成員也不會成長。當然，如果一般公司的員工人人都有主動發掘論點的高度工作動機，也許反而才是極為罕見之事。

若要刺激成員的想像力或創造力，應給予某種程度的範疇，再讓他們自行思考「哪裡真的有問題？」

如果上司把對於論點所提出的答案，過度強調為假說，成員就會深信不疑地認為論點是正確的；或是認為不能質疑上司賦予的任務，而極力想要證明假說是正確的。因此，對於「虎鯨是魚嗎？」這個問題，成員就會為了討好主管，不斷蒐集像是「因為虎鯨會游泳，所以是魚。」「因為虎鯨是肉食類生物，所以是魚。」之類的資訊。萬一，這時假說是錯誤的，就要承受很高的風險。

因此，**當職位愈高時，就應儘可能以論點和部屬溝通。**

不能因為主管把灰色說成「白色」，部屬們為了討好上司也不假思索地看著灰色說成「白色」。在是黑或白的論點中，明確表示「在我看來，那是黑的。」「雖然介於黑與白的中間，不過，我覺得比較偏白。」是極為重要的事情。另外，成員也不能在發現和主管相左的資訊時，認為「這個資訊缺乏整合，大概是我調查錯誤吧？」而擅自捨棄已經調查多時的情報資訊。

這裡存在著工作動機和培育人才的問題。

針對「白色」的假說，逐步證明其確實「這真的是白色」的作業，說得極端一點，需要的是調查力或分析力。另一方面，針對「是白色或是黑色」的邏輯做出抉擇，則需要判斷力或決策力。也就是要讓部屬或專案成員培養足以代表公司，指著難以界定的灰色說：「我們覺得是白色」的判斷力或決策力。

這是要讓部屬從一介普通的專案成員，逐漸成長為專案負責人或經營者時，最重要的關鍵。能力愈優秀的成員，應該愈希望自己動手做。從這個意義而言，有些部分也應該刻意讓成員自行思考，讓他們有機會體驗親自決策而必須面臨的兩難局面。

偶爾容許失敗

就像假說思考一樣，經驗也對論點思考有重要功用。但是並非只要累積經驗就好。例如，如果只會按照上司或客戶指示的論點，默默解答，也許問題解決能力會提升；但是，發現問題的能力，也就是論點思考力卻很難進步。

因此，如果希望部屬能夠提升論點思考力，上司就不要事先給予課題，而應給予訓練，促使對方思考課題的本身。當然一開始的時候，對方可能挖掘截然不同的「洞」（論點）；或者，要花很長的時間才能找到正確答案，或是發生找錯論點，白白浪費時間卻找不到解決方案，或思考錯誤的解決方案等狀況。

但是，這些嘗試錯誤或耗費時間的過程，全部都會成為未來的養分。

當然，也許有人是屬於那種即使自己沒有親身經驗，只要借鏡他人的失敗或成功，或是透過閱讀就能培養論點思考的人。不過，大多數時候都得親身經歷「做中錯、錯中學」過程，才能真正變成自己的能力，這才是論點思考。

因此，**身為上司，即使知道論點或答案，也不要急著立刻揭曉，應該讓部屬自己想想看、動手做做看**。如果進行得不順利，必須給予一些提示等，要有耐心地指導他們。

最好的方式是提醒自己，讓部屬有這類經驗，將能提高他們論點思考的能力，並且，用較為長遠的眼光來看待他們犯下的錯誤。透過這樣的方式，必定能培養部屬成長，自己也會發現，竟然不知不覺中培養管理者必備的領導能力。因此，**論點思考不僅能培育部屬，也能帶動上司的成長。**

6 論點與假說的關係

論點思考與假說思考密不可分

論點思考指的是「設定應該破解問題」的過程，位於解決問題的最上游，假說思考則是以「暫定的答案」為基礎進行思考的切入法。二者既非對立的概念，也不是處於上下關係的概念，更不是何者為先、何者在後的流程。相信看過**【圖表6-3】**之後，大家就能一目了然，雙方的關係呈現「如果論點思考是橫線，假說思考就是縱線。」

換句話說，如果把工作上的問題解決過程分為①發現問題→②解決問題→③實行等三個過程，論點思考在發現問題的過程中，最能發揮作用。

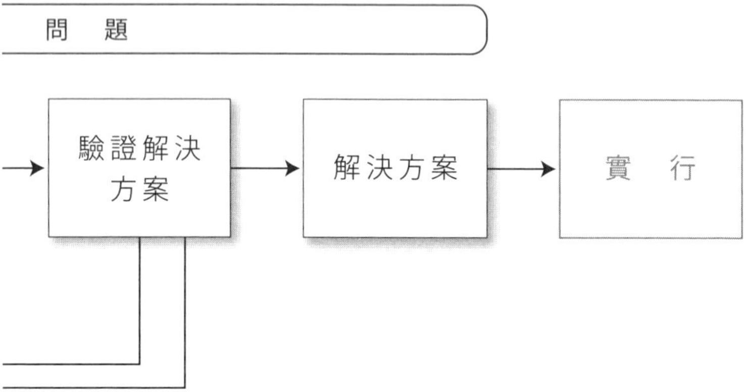

發現問題的過程，就是論點思考，可分為設定論點和確定論點、整理論點等步驟。能夠在前半的「設定論點」中發揮功用的就是假說思考。另外，在問題解決過程中思考解決方案的假說時，假說思考也扮演著重要的角色，這是理所當然的觀念。

不過，在現實中，相關作業很少會像這樣子單純地由左進展到右，而是也常會發生諸如以下的狀況，比方說，建立的論點的假說錯誤，進入討論解決方案時，又重新回到「發現問題」的過程；在驗證解決方案的過程中，也因為只要對某個問題點，亦即論點做出定

圖表6-3　從發現問題到解決問題的過程

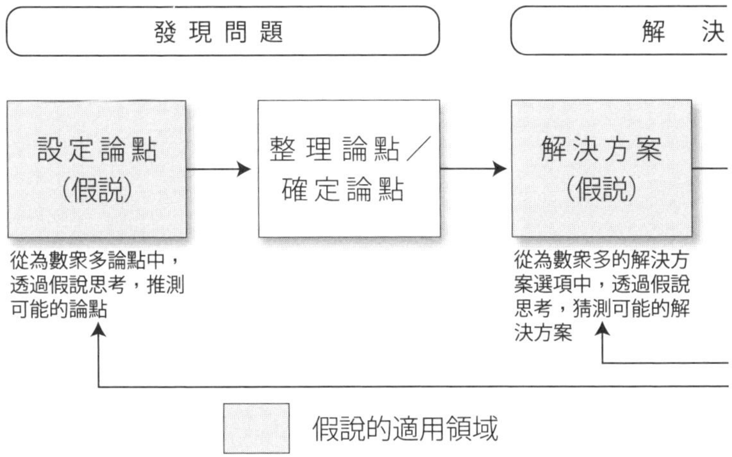
發 現 問 題
解　決
設定論點
（假說）
整理論點／
確定論點
解決方案
（假說）
從為數眾多論點中，
透過假說思考，推測
可能的論點
從為數眾多的解決方
案選項中，透過假說
思考，猜測可能的解
決方案
假說的適用領域

論，就可決定解決方案。換句話說，就是即使在「解決問題」的過程中，也會出現論點。

解決問題的過程，其實需要再三來回

另外，誠如本書所述的，論點會和時間一起進化，因此有時也會發生把【圖表6-3】的過程重做一次的情況。另外，為了闡明大論點，所以會分解成中論點或小論點，而有時也可能發生決定中論點或小論點之後，才發現大論點未必是妥當的問題等情況。

此外，在解決問題的過程中，也很容易發生以下情況——以為這是答案，但經過驗證之後，發現解決方案的假說錯誤，造成必須重新建立解決方案的假說。關於這點，筆者在《假說思考》一書中已經反覆說明。

因此，論點思考絕非由上游朝著下游，只朝單一方向前進的切入方式。其真實面貌是，必須隨時一邊自問「應該破解的問題（大論點）為何？」或「若要解決這個大論點，必須針對什麼樣的中（小）論點提出解答才合適呢？」等再三來回進行修正與調整。希望各位讀者能了解其現實面貌，靈活運用論點思考。

作者後記

The BCG Way—The Art of Focusing on the Central Issue

自《假說思考》一書付梓以來，已經過近四年的歲月（編按：《假說思考》日文版在二〇〇六年出版，《論點思考》日文版在二〇一〇年出版）。本書《論點思考》因為和《假說思考》是成對的書，因此理應更早出版，然卻因我的怠慢而大幅延後。

簡單來說，**《假說思考》把主力放在解決問題，而《論點思考》則是把重心放在發現問題。**然而，誠如本書第六章所說明，二者並非毫不相干——**在發現問題的過程中，假說思考不可或缺；而在解決問題的過程中，論點思考也頻繁出現。**

《假說思考》和本書《論點思考》在撰寫的形式上，都希望做到讓讀者不管先閱讀何者，都能理解闡述的內容。因此我想，已經讀過《假說思考》的讀者，應足以掌握發現問題和解決問題的全貌，而先閱讀《論點思考》的讀者，也應可清楚理解發現問題這件最重要的事。

這次也是承蒙許多人士的協助，才得以順利完成本書。首先，與前次同樣的，東洋經濟新報社的編輯黑坂浩一先生，以及水資源的研究家、同時也是著述家的橋本淳司先生，兩位從企畫的階段而至文章的構成，皆不吝給予指導。另外，我任教的早稻田大學商學院夜間MBA課程的內田研究室二期生與三期生，也協助閱讀本書初稿，並指出艱澀難懂之處或錯誤等。如果身為職場工作者的讀者們覺得本書讀來淺顯易懂，都應歸功於他們。再者，如果沒有我任職BCG時期的祕書阿部亞衣子小姐的協助，本書將無法完成。

本書的內容泰半是我任職BCG長達二十五年的生涯中，從事管理顧問工作時所累積的經驗，謹此再次向BCG致謝。在職期間，我參與了數百個專案，而希望把參與這些專案因而培養我個人的方法論，設法傳達給社會上的職場工作者的想法，也是我執筆本書的動機。謹此一併向專案成員及客戶，致上最深的謝意。

為了避免淪為主觀、自以為是的方法論，我也麻煩BCG日本分公司的諸位合夥人，撥出長達數小時的時間，和我一起討論或接受我的訪談，對於這些盛情，我銘記在心。在此雖不一一列舉他們的大名，但是，本書是在這十多位合夥人的協助下才能得以完成。當然，有關本書內容，由我負起一切責任。

最後，謹此祈願每位讀者從此都能看清問題的本質，快速著手解決問題，並從解決成效不彰的問題、光想就無濟於事的問題等枷鎖中獲得解脫，本書也在此告一段落。

圖表索引

圖表2-1 論點思考的步驟 59
圖表2-2 比一比！問題點與論點 63
圖表2-3 現象不等於論點 68
圖表3-1 推測有魚上鉤的好釣場 95
圖表4-1 由入圍名單到決選名單 165
圖表4-2 論點連連看 166
圖表4-3 思考更上層的論點 167
圖表4-4 利用議題樹進行論點結構化的具體案例 169
圖表4-5 蟲蛀樹——不完美卻很實際 176
圖表4-6 探索兩個論點之間的關係 178

圖表4-7 蟲蛀樹的案例 179
圖表5-1 PPM分析（BCG矩陣） 198
圖表6-1 思考上下左右的論點——以補習班為例 239
圖表6-2 看清反對者的論點——以增收增益為例 241
圖表6-3 從發現問題到解決問題的過程 263

國家圖書館出版品預行編目資料

論點思考：找到問題的源頭，才能解決正確的問題／內田和成著；蕭秋梅譯. -- 二版. -- 臺北市：經濟新潮社出版：家庭傳媒城邦分公司發行，2014.04

面；　公分. --（經營管理；82）

譯自：論点思考：BCG流問題設定の技術

ISBN 978-986-6031-49-6（平裝）

1. 思考

176.4　　103005263